Reality Creation Coaching

Synchronisiere die Welt nach deinen Wünschen

von

Frederick E. Dodson

Weitere Bücher von Frederick E. Dodson im Bohmeier Verlag:

Astralreisen – Das ultimative Trainingshandbuch für alle die schon immer außerkörperliche Erfahrungen machen wollten, *ISBN 978-3-89094-352-7*

High werden ohne Drogen – Ein bewusstseinserweiterndes Handbuch, *ISBN 978-3-89094-363-3*

Illumination des Träumens, *ISBN 978-3-89094-426-5*

Money Magick – Finanzielle Freiheit durch Arbeitsrausch und Geldmagie, *ISBN 978-3-89094-414-2*

Coach dich zum Superstar – Wege zum Superstar – Psychospirituelle und praktische Wege zum Ruhm, *ISBN 978-3-89094-443-2*

Das ultimative Flirttraining – Ein Kurs im Flirten Ein Trainingshandbuch (nicht nur) für Männer, *ISBN 978-3-89094-356-5*

Zeitreisen – Fernwahrnehmung und Luzides Träumen als Tor zur Unendlichkeit, *ISBN 978-3-89094-413-5*

Reality Creation – Die kontrollierte Erschaffung von Realität, Zauberei auf einem Sklavenplaneten, *ISBN 978-3-89094-394-7*

Reality Creation für Fortgeschrittene, *ISBN 978-3-89094-598-9*

© 5. Auflage, Copyright 2021 by Bohmeier Verlag, D-04357 Leipzig, Oelssnerstr. 2, Germany, Tel.: +49 (0) 341-6812811 - Fax: +49 (0) 341-6811837. Immer erreichbar über unsere Internet-Homepage: www.magick-pur.de

© **Coverbild von Claudia Engelen** – **weitere Informationen zur Künstlerin unter www.claudia-engelen.de** - **Covergesamtkonzeption von** *JADa*

Gesamtherstellung: Bohmeier Verlag, Printed in Germany

ISBN 978-3-89094-506-4

Inhaltsverzeichnis

4

Vorwort

„Du hast dich in einer dunklen Höhle verirrt und weißt nicht, wohin du gehen sollst. Wie es für ein fühlendes Wesen typisch ist, betest du um Führung.

Und als deine Augen sich an die Dunkelheit gewöhnt haben, erwacht ein neues Bewusstsein, und du erkennst, dass eine Richtung heller ist als die andere. Du gehst in Richtung des Lichtes und stößt auf eine glatte Felswand, die ein sanftes Licht widerspiegelt. Das muss Erleuchtung sein, denkst du.

Doch als die Augen sich an das sanfte Licht gewöhnen, erwacht ein neues Bewusstsein, und du erkennst, dass das Licht in Wirklichkeit von einem nahe gelegenen Wasserbecken kommt. Das muss Erleuchtung sein, denkst du. Als du am Becken ankommst, gewöhnen sich deine Augen an die Lichtspiegelung vom Wasser. Ein neues Bewusstsein erwacht und du erkennst, dass das Licht in Wirklichkeit vom Widerschein des Mondes stammt.

Das muss Erleuchtung sein, denkst du. Während du das Licht des Mondes betrachtest, erwacht ein neues Gewahrsein und du erkennst, dass das Licht in Wirklichkeit von den Flammen der Sonne stammt. Das muss Erleuchtung sein, denkst du."

H. Palmer

Dieses Buch ist eine Zusammenfassung meiner mittlerweile 10 Jahre andauernden Erforschung des Lebensstils „Ich erschaffe meine eigene Realität". In diesen 10 Jahren habe ich Dutzende Bücher zum Thema geschrieben, und Hunderte von Seminaren und Coachings darin erteilt. Im Laufe der Zeit haben sich meine Ansichten und Methoden geändert, teilweise sogar radikal geändert, aber das Thema bleibt dasselbe: Realitätserschaffung, die Weltsicht, die mich von allen verfügbaren am meisten begeistert. Ich möchte dir mit diesem Buch die Herangehensweisen mitteilen, die sich nach und nach als die wirksamsten und erstaunlichsten herauskristallisiert haben. Ob du einen Einfluss auf deine Realität hast und wie weit dieser Einfluss geht, kannst du mit diesen einfach gehaltenen Informationen selbst feststellen.

Die Realitätserschaffungs-Philosophie besagt, dass deine Absichten, dein Denken, dein Fühlen, dein Sprechen und dein Tun deine Wirklichkeit, das, was du als dein Leben und deinen Alltag erlebst, direkt erschaffen. Sie besagt, dass das, was du von diesen 5 Elementen gibst, genau das ist, was du zurückbekommen wirst. Diesem Weltbild zufolge erschafft die feinstoffliche Realität die grobstoffliche Realität und nicht umgekehrt. Was du glaubst ist das, was du erleben wirst, und nicht umgekehrt. Dein Körper ist in deinem Bewusstsein enthalten, und nicht umgekehrt. Du wirst es erst sehen, wenn du es glaubst, und nicht umgekehrt. Diese Perspektive auf das Leben ist so ziemlich genau das Gegenteil von dem, was die meisten Menschen für wahr halten. Um daraus jedoch eine angewandte Lebensweise zu machen und nicht nur schöne Worte zu hören: Probiere es einfach selbst aus und habe Spaß an den Methoden. Denn wenn die ersten Resultate beginnen einzutreffen, werden sich Konzepte wie „Disziplin dafür aufbringen müssen" erübrigen, und das Leben verwandelt sich von einer endlosen „Suche" zu einem interessanten Spiel, bei dem du nicht mehr darauf wartest, dass sich deine Wünsche erfüllen, sondern diese selbst erzeugst. Das Leben ist dann nicht mehr etwas, das dir passiert, sondern etwas, das von dir kommt. Trete nicht in die Fußstapfen anderer, erschaffe deine eigenen.

1. Aufmerksamkeit erschafft Realität

Was du anschaust, das schaut dich an

Wenn mich vor langer Zeit im Rahmen meiner Kurse oder als Fan eines meiner Bücher jemand gefragt hätte, wie er denn „Realität erschafft", hätte ich ihm eine Reihe von Ritualen, Affirmationen und Visualisierungen vorgeschlagen. Wenn er an solches nicht geglaubt hätte, hätte ich ihm vorgeschlagen, Aktionslisten zu erstellen und zu arbeiten, zu handeln. Beides hätte funktioniert. Heute sage ich manchmal lediglich: „Schau es an."

„Wie bitte?" fragte mich der Kursteilnehmer.

„Schau es an. Wenn du es verwirklichen möchtest, brauchst du es lediglich anschauen".

„Das kann doch nicht alles sein. Es verwirklicht sich doch nicht nur, weil ich es anschaue. Und was meinst du überhaupt mit anschauen?"

„Worauf du die Aufmerksamkeit richtest, das vergrößert sich. Das hast du mir doch selbst am Kursanfang gesagt", erwidere ich.

„Hm ... ja gut ... aber ... ich habe es doch schon angeschaut. Und deswegen hat es sich nicht verwirklicht. Ich muss doch dann auch was tun."

Ich habe dem Mann erklärt, dass er lediglich hinschauen müsse. Er kann Dinge, die mit seinem speziellen Wunsch zusammenhängen, ansehen. Er kann es sich im „echten Leben", im Alltag, ansehen, er kann es sich vor dem geistigen Auge ansehen, er kann darüber nachdenken, er kann darüber sprechen, er kann damit etwas machen, er kann sich an Ähnliches erinnern, er kann es in Filmen sehen, er kann es in Büchern sehen.

„Aufmerksamkeit erschafft Realität" ist eine der essentiellsten Wahrheiten, eine der stärksten Formeln, die es gibt, und trotzdem wird dies missverstanden, trotzdem bleibt das von vielen, die das wissen, ungenutzt. Alles besteht aus Energie, aus Schwingungsfrequenzen. Der Sache, der du Aufmerksamkeit gibst, mit der gerätst du in „Schwingungsübereinstimmung". Je mehr Aufmerksamkeit du ihr widmest, desto realer, bedeutungsvoller, wichtiger wird die Sache für dich. Desto mehr fühlst du sie. Desto mehr handelst du ganz automatisch nach ihr.

„Also muss ich mich ganz stark darauf konzentrieren, dann verwirklicht es sich?" fragte der Mann aus meinem Kurs.

„Das kannst du gerne machen, aber es würde auch reichen, wenn du es sanft anschaust, einfach empfängst. Siehst du das Objekt da drüben? Musst du dich „ganz stark konzentrieren", damit es an seinem Platz bleibt? Musst du dich „ganz stark konzentrieren", damit du es wahrnehmen kannst?"

„Nein ... ich muss es wirklich nur anschauen."

„Genau. Es ist schon da. Du musst es lediglich „empfangen"."

„Wie lange muss ich es denn anschauen, bis es sich verwirklicht?" fragte mich ein anderer Kursteilnehmer.

„Es ist wichtig, dass du dir Dinge wünschst, die du ohnehin sehr gerne anschaust. Dann „musst" du es nicht anschauen, sondern widmest dich dem gerne."

„Ok, das verstehe ich. Trotzdem: Wie lange, bis es sich in der Realität manifestiert?"

„Es wird sich erst manifestieren, wenn du damit vertraut geworden bist. Realitätserschaffung ist nichts anderes als „Vertraut-werden-mit ...". Wenn du eine Sache sehr lange anschaust, dich sehr lange mit ihr beschäftigst, fühlst du dich damit vertraut. Die Frage ist also lediglich, ob du dich auf deinen Wunsch einlässt, dich diesem Wunsch widmest."

Was du anschaust, das schaut dich an. Wenn du etwas erfahren möchtest, genügt es tatsächlich, diese Sache anzuschauen. Mir ist durchaus bewusst, dass viele darauf beharren werden, dass es „nicht so einfach sein kann". Ich selbst habe es lange Zeit nicht verstanden. Ich habe „Reality-Creation-Seminare" gegeben, und dabei die kompliziertesten Techniken, magische Operationen, und die diszipliniertesten Drills überhaupt durchgeführt. All das kommt mir, in Anbetracht der „Schaue-es-an"-Erkenntnis, lächerlich vor.

Aufmerksamkeit als Schwingungsempfänger

Aufmerksamkeit erschafft Realität. Energie folgt der Aufmerksamkeit. Worauf du die Aufmerksamkeit richtest, wird realer und spürbarer. Richtest du die Aufmerksamkeit auf eine Sache, treten alle anderen Realitäten in den Hintergrund. Aufmerksamkeit verdichtet feinstoffliche Energie (einen Gedanken) zur grobstofflichen Form (physikalische Realität). Aufmerksamkeit ist demnach dein wichtigstes Gut. Es ist eine Energieform, die dir immer zur Verfügung steht und über die du eigentlich so verfügen kannst, wie du willst. Du entscheidest selbst, worauf du die Aufmerksamkeit geben willst. Müsstest du dich demnach nur auf die Sache konzentrieren, die du willst, um sie auch zu bekommen? Ja. Damit habe ich das „Geheimnis" schon ausgeplaudert und wir könnten dieses Buch beiseitelegen und mit dem kreieren beginnen. „Realität erschaffen" ist lediglich eine Frage der Konzentration. Der „Glaube, der Berge versetzt", ist ein Gedanke, der mit Konzentration und Emotion aufgeladen wurde. Glaube ist eine Form hochkonzentrierter Aufmerksamkeit. Der Rest dieses Kapitels beschäftigt sich also mit verschiedenen Arten, wie du dich konzentrieren kannst, mit Dingen, die deine Konzentration ablenken, und warum sie dich von dem ablenken, was dir wirklich wichtig ist, und wie du dich leichter auf das konzentrieren kannst, was du dir wünschst.

Im Kern geht es eigentlich nicht darum, Wirklichkeit zu „erschaffen" sondern Wirklichkeit zu „empfangen". Ein Radio muss das Programm, das es empfangen möchte, nicht erst „erschaffen", sondern lediglich seinen Sender darauf einstellen, um aus den vielen Sendern, die es gibt, denjenigen herauszufiltern, den es empfangen möchte. Deine Aufmerksamkeit ist in diesem Sinne wie der Empfänger eines Radios und bringt bestimmte Sender in den Fokus, während andere weggefiltert werden. Wenn du also etwas Bestimmtes erleben möchtest, musst du deinen Sender darauf einstellen, deine Schwingungsfrequenz darauf ausrichten, deinen Fokus verändern, dich selbst verändern. Du kannst nur etwas empfangen, von dem du die „Schwingung" *bist*. Um etwas in dein Leben zu ziehen, musst du genau die Sache, die du willst, *zuerst sein*. Darauf zu warten, dass sich etwas ändert, vom Leben „Beweise" einzufordern, dass sich etwas verändert hat, funktioniert nicht. Das wäre wieder, als wolltest du, dass ein Spiegel lächelt, bevor du lächelst.

Ein typischer Fehler in dieser Hinsicht: Wenn dir das Fernsehprogramm, das du gerade anschaust, nicht gefällt, dann versuchst du nicht, das Fernsehprogramm zu ändern, sondern du schaltest entweder den Sender um oder den Fernseher aus. Zu versuchen, das Programm zu verändern, ist fast aussichtslos. Gut, vielleicht funktioniert es, aber es kostet sehr viel Arbeit, viel Kampf. Du müsstest in die Fernsehstudios gehen und die technischen Geräte sabotieren, die Menschen dort vergraulen oder einen Bombenanschlag verüben. Damit hättest du vielleicht vorübergehend Ruhe, aber die Wahrscheinlichkeit ist groß, dass der Fernsehsender, nachdem dort aufgeräumt wurde, bald wieder auf Sendung geht. Das hört sich vielleicht absurd an, aber so verhalten sich viele, wenn es um ihre Aufmerksamkeit geht. Anstatt den Sender zu wechseln oder den Fernseher auszuschalten, versuchen sie das Programm, das ihnen missfällt, zu ändern, kritisieren das Programm, beschweren sich über das Programm und betreiben einen hohen Energieaufwand, ohne dass sich viel ändert. Das Problem bleibt aber gerade deshalb bestehen, weil sie dem weiterhin Aufmerksamkeit geben.

Ein einfacheres Beispiel: Wenn du die Wahl zwischen Vanille und Schokolade hast, und du bevorzugst Vanille, dann wirst du die Aufmerksamkeit auf Vanille richten müssen. So einfach ist das. Wenn du nämlich sagst „Ich will keine Schokolade", wo ist dann deine Aufmerksamkeit? Immer noch bei der Schokolade. Das mag als erste Erkenntnis gut sein..., denn du weißt nur, was du willst, im Vergleich zu dem, was du nicht willst. Der ursprüngliche Zweck „negativer Erfahrungen" war, es dir zu erleichtern zu definieren, was du stattdessen willst ... dir die Wahlfreiheit zu geben. Wenn du aber weiterhin und immer noch mehr bei „Ich will aber keine Schokolade!" bleibst, gibst du dem nur noch mehr Aufmerksamkeit ... und damit Wichtigkeit ... und damit Bedeutung ... und damit Energie ... und damit Realitätsintensität. Schon bald wirst du überall nur Schokolade bemerken und verstört darauf reagieren. Wechsle einfach mit der Aufmerksamkeit zu dem, was du stattdessen willst: Vanille ... bemerke sie ... und dann nimm Vanille. Hört Schokolade deswegen auf zu existieren? Nein. Aber sie hat in dem Moment, wo du mit Vanille beschäftigt bist, keine *Relevanz* mehr für dich. Und du brauchst dich auch nicht mehr damit zu beschäftigen, wie du von Schokolade „loslassen" sollst, denn allein in der Aufmerksamkeit auf Vanille lässt du ganz natürlich von dem Unerwünschten los.

Die Showbusiness Creation

Meine Absicht war es, das Prinzip „schaue es an" mit irgendetwas Interessantem auszuprobieren, damit ich meinen Lesern in diesem Kapitel ein gutes Beispiel geben könnte. Ich wollte mir etwas aussuchen, was ich „nicht bin", und im Laufe weniger Wochen „zu dem werden", und zwar allein, indem ich es ansehe. Meine Realität bestand aus Seminaren, Coachings, Esoterik, Bewusstsein. Mein Experiment bestand im Realitätswechsel zum Showbusiness. Wie schnell könnte ich allein mittels Aufmerksamkeit eine Hauptrolle in einem Film bekommen? Wie schnell könnte ich von Models, Schauspielern, Regisseuren, etc. umgeben sein? Nun, es dauerte gerade mal zwei Monate, um mich in eine solche Realität zu katapultieren. Ich begann, indem ich mich fragte: „Was würde jemand, der eine Filmhauptrolle hat, tun?" Ich fragte NICHT: „Was muss ich tun, um eine Filmhauptrolle zu bekommen?" Denn dann hätte ich nicht „Ich habe eine Hauptrolle" angeschaut, sondern „Ich versuche eine zu bekommen". Diese Unterscheidung ist außerordentlich wichtig, aber mehr dazu später. Die Antwort war: „Er würde jeden Morgen ins Studio fahren". Da ich in München lebe, fuhr ich, in bester So-tun-als-ob-Manier, eines schönen Morgens zu den Bavaria-Filmstudios. Ich betrat nicht den Eingang, der für Touristenführungen bestimmt war, sondern den Eingang, der für Mitarbeiter des Geländes bestimmt war. Ich setzte mich zum Frühstück in die Kantine des Geländes und sah mir alles an: die Regisseure, die Produzenten, die Techniker, die Komparsen, die Schauspieler. Am nächsten Tag fuhr ich zur Buchhandlung und kaufte mir ... nein, kein esoterisches Buch, kein Buch zum „Reality-Creation"-Thema, sondern ein Buch, das jemand kaufen würde, der am Showbusiness interessiert ist. Das Buch hieß „Hollywood Animal" und war vom erfolgreichsten Drehbuchautor aller Zeiten geschrieben worden. Es war ein Buch voller Klatsch über Produzenten,

Schauspieler, Regisseure. Das 900-seitige Buch war extrem unterhaltsam und half mir sehr, mühelos meine Aufmerksamkeit in diese Welt eintauchen zu lassen. Zusätzlich sah ich mir das erwünschte Szenario vor meinem geistigen Auge an. Ich tagträumte. Denn wenn es in meiner Umgebung nichts gibt, was ich zur erwünschten Realität anschauen kann, dann kann ich es mir immer noch in meiner Phantasie anschauen. Ich sah mir in dieser Kreationszeit etliche Filme an, die in etwa das zeigten, was ich sein wollte. Zu guter Letzt meldete ich mich im Internet bei verschiedenen Casting-Agenturen an. Tatsache ist, dass ich derart vertraut mit der Energiefrequenz des Showbusiness wurde, dass ich bereits nach einem Monat meine Filmhauptrolle hatte. Darüber hinaus war mein Anrufbeantworter voll mit Angeboten für Nebenrollen. Die meisten Menschen, die im Showbusiness arbeiten, werden behaupten, dass es sehr, sehr lange dauert, bis man in diesem Bereich Fuß fassen kann. Dass man, wenn man überhaupt Rollen haben möchte, in denen man spricht, zuerst jahrelang als Statist, Komparse und Kleindarsteller arbeiten muss. Dass sind die Leute, die nicht wissen, dass das, was man anschaut ... ob geistig oder real, das ist, was man in sein Leben zieht. Blieb ich im Showbusiness? Nein, diese Episode diente nur Demonstrationszwecken ... ich wollte es mir selbst noch einmal beweisen, bevor ich dieses Buch schreibe, und ein Beispiel davon abgeben, wie unfassbar einfach es sein kann.

Du bist bereits Experte darin

Das Schöne ist, dass du bereits Experte darin bist, deine Aufmerksamkeit einer Sache zu widmen. Du machst es die ganze Zeit. Du kreierst die ganze Zeit. Du bist bereits zu 100 % ein Realitätserschaffer. Es gibt hier nichts Neues, was du lernen müsstest! Du musst dir nichts „aneignen" oder „dich vorher sammeln" oder „disziplinieren". In jedem Moment deines Lebens siehst du, hörst du, sprichst du, tust du. Und das sind alles verschiedene Arten, deine Aufmerksamkeit auszurichten. Die Frage ist daher nicht, *ob* du es kannst, sondern auf *was* du die Aufmerksamkeit richtest. Was auch immer das ist, du wirst mehr davon bekommen. Ich habe neulich eine Dame kennen gelernt, die sich ihr Traumhaus an einem See erschaffen hat. Endlich konnte sie sich die Ruhe gönnen, die sie sich schon immer wünschte. Sie saß jeden Tag mehrere Stunden vor ihrem See, hörte die Vögel zwitschern, lauschte dem Rauschen der Wellen ... und fand Frieden. Aber nach ein paar Jahren begann sie sich darüber zu beschweren, dass sie keine Kundenaufträge mehr bekam. Kunden blieben fern. Warum nur? Ich erklärte ihr, dass sie seit Jahren einen See anschaut. „Wenn du den See anschaust, den Frieden und die Stille dieses Ortes, wirst du mehr davon bekommen – mehr Stille und Frieden. Wenn du Kunden bekommen möchtest, musst du lediglich mit diesen vertrauter werden, diese anschauen." Sie verstand das und wechselte ihre Aufmerksamkeit, und damit ihre Realitätsebene. Du bist bereits ER-FOLG-reich. Wenn du sehr hohe finanzielle Schulden hast, dann bist du ER-FOLG-reich und lebst im Überfluss – und zwar in einem Überfluss von Schulden und Problemen. Es ist genauso leicht, Probleme zu erschaffen, wie es ist, Lösungen zu erschaffen. Es ist lediglich eine Frage dessen, worauf du deine kreative Energie (Aufmerksamkeit) richtest. Ob Knopf oder Schloss ... es liegt beides in deiner unmittelbaren Reichweite, und wird dadurch bestimmt, was du bereit bist anzuschauen.

Das Model vom Plakat tritt in mein Leben

Früher lehrte ich, dass man eine Affirmation Millionen von Malen aussprechen müsse, um einen Glaubenssatz zu erschaffen, welcher wiederum eine Realität erschafft. Das funktionierte zwar bis zu einem gewissen Grad, aber der Aufwand war so groß, dass ich genauso viel mit herkömmlichen, irdischen Mitteln (Fleiß und Disziplin) erreicht hätte. Es wäre sozusagen leichter gewesen, auf Gummibären zu verzichten, als 48 Stunden lang „Ich habe Idealgewicht" auszusprechen. Meine gegenwärtigen Methoden sind spielerisch leicht und erzeugen vor allem eines: Gefühl. Das Gefühl ist die Sprache der Seele, das Gefühl ist die Energie, die „Schwingung", die letztlich bestimmte Realitäten heranzieht. Fühle ich mich wohl, fühle ich Freude, Begeisterung, Enthusiasmus, werden diese in meiner Realität reflektiert. Folglich gehen meine Methoden in Seminaren und für mich selbst immer mehr in Richtung „tu das, was sich gut anfühlt". Ich lief vor ein paar Wochen in Zürich umher. In einer Stunde würde mein Zug nach München abfahren. Ich fühlte mich sehr gut. Ich lief an einem Plakat vorbei und die darauf abgebildete Frau sprang mir ins Auge. „Hm ... das wäre schön. Das wäre meine Traumfrau", dachte ich im Vorbeigehen. Ich vergaß das Plakat bald wieder. Normalerweise setze ich mich in Züge oder Flugzeuge und habe die innere Vor-Erwartung, dass die Reise relativ ereignislos sein wird, und ich mich irgendeinem Buch oder meinem Laptop widmen werde. Ich erkannte diese langweilige Vor-Erwartung, und sagte mir: „Warum eigentlich? Wer sagt, dass eine Reise immer nach Schema X ablaufen muss? Wie wäre es, wenn ich auf meiner Reise etwas Romantisches erlebe?" Ich setzte mich in den Zug und war alleine im Abteil. Der Zug hielt am Züricher Flughafen und es stieg eine außerordentlich gut aussehende Frau ein und direkt in mein Abteil. Ihre Präsenz war so stark, dass ich schlucken musste. Zu dem Zeitpunkt war mir noch nicht bewusst, dass das genau die Frau war, die ich ein paar Stunden zuvor auf dem Plakat gesehen hatte! Eine halbe Stunde spielten wir das Verlegenheitsspiel, wo wir einander ansahen und wieder aus dem Fenster sahen, bis sie schließlich eine Konversation eröffnete. Aus der Konversation wurde viel Gelächter und Spaß. Ich hatte mich selten mit einer völlig fremden Person so amüsiert und über so intime Dinge gesprochen. Mit unserem Gelächter erhellten wir den Speisewagen und die Gänge. Andere müssen den Eindruck gehabt haben, dass wir uns schon ewig kennen. Auch wenn es schwer zu glauben fällt, war es, als hätten wir uns in dieser kurzen Zeit vollkommen ineinander verliebt. Als ich sie nach ihrem Beruf fragte, sagte sie, sie sei Model. „Vielleicht hast du in Zürich das Poster von ... gesehen" (der genaue Name des Posters ist mir entfallen). In diesem Moment durchfuhr es mich wie ein Schock: Ich hatte diese Frau heute schon einmal gesehen. Ich hatte im Vorbeigehen zu dem Poster gesagt, dass es sehr schön wäre, diese Frau kennen zu lernen! Aus unerfindlichen Gründen tat ich so, als hätte ich das Poster nicht gesehen. Der „Schock" saß tief. Wie in einem Märchen: Jemand kommt direkt von einem Poster in dein Leben. Es waren hier keine tausend Affirmationen nötig gewesen, sondern lediglich die spielerische und völlig erwartungslose Freude. Da ich und diese Frau sehr weit voneinander entfernt wohnten, war uns beiden bewusst, dass wir uns vielleicht nie wieder sehen, und uns war beiden bewusst, dass es viel schöner war, ein paar Stunden lang in jemanden verliebt zu sein. Wir küssten uns leidenschaftlich zum Abschied. Wir tauschten bewusst keine Telefonnummern aus. Aber damit hörte die Episode nicht auf. Ich befand mich noch ein paar Tage lang in einem leichten Rausch von diesem wundervollen Vorfall. Nach ein paar Tagen ging ich an meinen PC, um meine „Magic Creation Box" zu updaten. Meine Magic Creation Box ist eine Datei, die ich mit schönen Bildern fülle ... Bilder von Dingen, die ich mag, die mich faszinieren, die mir gefallen, die ich schätze. In diese Box lege ich Bilder von Orten, Landschaften, Planeten, Menschen, Aktivitäten, Symbolen, die in mir Freude erwecken. Der Zweck dieser Übung ist es, mein Bewusstsein daran zu gewöhnen, was es anschauen soll. Mein Bewusstsein daran zu gewöhnen, dass es bestimmte Dinge gibt, die für mich angemessen sind, und dass ich nie Dinge in meine Box tun würde, die nicht gut für mich sind (so wie es mein Verstand manchmal machte). Vor ein paar Wochen hatte ich Bilder meiner Lieblingsschauspielerin in meinen virtuellen Ordner getan. Als ich mir diese Frau ansah, durchfuhr mich ein zweiter kleiner Schock: Die Frau, die ich im Zug kennen gelernt hatte, sah meiner Lieblingsschauspielerin nicht nur ähnlich, sondern sie sah fast genauso aus wie sie! Und was noch interessanter ist: Ich hatte es völlig vergessen. Ich hatte vergessen, diese Bilder in meine Box gelegt zu haben, und die Ähnlichkeit der beiden war mir auch nicht mehr bewusst gewesen. Das ist nur ein weiteres Beispiel für die Leichtigkeit dieser Magie.

Drei Fragen, die dein Leben verändern

Und damit komme ich zum „Super-Werkzeug" dieses Buches, ein Werkzeug, das ich in meinen Seminaren als „Joker-Karte" bezeichne, weil es jederzeit und überall gezogen werden kann und weil es bisher immer positive Ergebnisse nach sich zog ... bei Jedem. Diese „Joker-Karte des Bewusstseins" ist die schnellste Art, die mir bekannt ist, deinen Fokus authentisch zu verändern. Verändert sich dein Fokus, verändern sich augenblicklich deine Gedanken um diesen Fokus herum, verändert sich augenblicklich deine emotionale „Schwingung", dein Befinden ... und damit ändern sich letztlich deine Handlungen, und infolgedessen deine Realität! Diese Joker-Karte besteht aus drei einfachen Fragen, die du dir selbst stellst:

1. **Wo ist meine Aufmerksamkeit jetzt gerade?** (Bemerken, Anerkennen)
2. **Wo könnte meine Aufmerksamkeit sein?** (von den Tausenden von Optionen, die es gibt)
3. **Wo möchte ich, dass meine Aufmerksamkeit ist?** (selbst gewählt)

Das sind die drei einfachen Fragen, die alles verändern. Augenblicklich. Deine Umgebung und deine Umstände mögen, nachdem du dir diese drei Fragen stellst, zwar noch als die gleichen erscheinen, aber da sich deine ganze Ausrichtung verändert hat, werden Umstände und Umgebung, etwas zeitverzögert, „nachziehen". Es ist kaum möglich, einen anderen Fokus zu haben, ohne dass dies nach und nach alles, was du erlebst, verändert. Mit dieser außerordentlich einfachen Übung gehe ich selbst schon eine Zeitlang um, und sie hat mich in Bereiche und Erlebnisse getragen, die ich vorher nicht für möglich gehalten habe. Folglich benutze ich sie auch in meinen Kursen und Seminaren immer wieder mit verblüffenden Erfolgen. Nachfolgend möchte ich diese Fragen noch etwas näher untersuchen und dir zeigen, wie man diese noch formulieren und vertiefen kann.

1. Worauf hast du jetzt gerade deine Aufmerksamkeit gerichtet? Worauf *hattest du heute* deine Aufmerksamkeit gerichtet? Wohin geht deine Aufmerksamkeit *immer wieder*? Wo *steckt* die Aufmerksamkeit *fest*? Wohin gibst du deine Energie und damit letztlich deine Macht? Worauf ist momentan deine Aufmerksamkeit am meisten gerichtet? Bemerke es. Betrachte es. Du musst hier in diesem Schritt nicht mehr tun, als hinzuschauen, dem *ehrlich* ins Auge zu schauen. Wo befindet sich denn dein Bewusstsein tatsächlich? Konfrontieren, ohne dich dabei selbst zu kritisieren.

2. Wo könnte deine Aufmerksamkeit jetzt gerade sein? Wo könnte deine Aufmerksamkeit heute sein? Wohin könnte deine Aufmerksamkeit immer wieder gehen. Von den Milliarden von Optionen, die es im Leben gibt,

von den Trilliarden von Optionen, die es im Universum gibt: Wo könnte deine Energie hinfließen? Was könntest du stattdessen fokussieren? Was gibt es sonst noch? Es ist nicht nötig, immer in derselben Sichtweise, in der rigiden Fixierung der Aufmerksamkeit, gefangen zu sein. Was sind die Optionen? Betrachte, was auch immer auf diese Frage hin auftaucht.

3. Wo möchtest du, dass jetzt deine Aufmerksamkeit hingeht? Wo soll deine Aufmerksamkeit heute hinfließen? Wohin möchtest du, dass sie heute immer wieder fließt? Was willst du wirklich fokussieren? Erlaube, dass die Gedanken auftauchen, denen du in Wirklichkeit Energie und Fokus geben möchtest. Schon allein durch diese Frage *ist* deine Aufmerksamkeit bereits auf dem, was du willst. Und wie du bemerkst, ändert dies deine Emotion, deinen Zustand und deinen Ausgangspunkt unmittelbar.

Dieses Werkzeug ist keines, das dir *vorschreibt,* wo du die Aufmerksamkeit hinzugeben hast, keines, das „für dich denkt", so wie es leider zu viele Bücher, Seminare und mentale Werkzeuge tun. Es lässt dir die Freiheit, selbst festzustellen, wo du „hängst", selbst festzustellen, wo du gedanklich, emotional und aktiv sein könntest, selbst festzustellen, wo du gedanklich, emotional und aktiv sein möchtest. Während du die Übung ausführst, ist die Führung deiner Aufmerksamkeit selbstbestimmt. Sie wird nicht von Mitmenschen, Medien, Autoritäten, Schulen, Büchern, Kursen fremdbestimmt.

Wenn du relativ geübt im Wechsel der Aufmerksamkeit bist, wirst du eine ganze Reihe interessanter Entdeckungen machen. Zum einen wirst du entdecken, wie häufig deine Aufmerksamkeit zu Dingen hingeht, die dir nicht wirklich wichtig sind, die dich nicht wirklich weiterbringen, die du nur gewohnheitsmäßig fixierst, weil du dir lange keine Gedanken darüber gemacht hast, was du denn stattdessen anschauen könntest. Es gibt im Leben der meisten Menschen eine Menge Dinge, die „nicht mehr ganz frisch" sind, und trotzdem immer wieder fokussiert werden. Du wirst auch festgestellt haben, dass es immer in deiner Entscheidungsmacht liegt, wo der Fokus hingeht. Worauf du Aufmerksamkeit gibst, das fühlst du, das strahlst du aus, und das wirst du als echte, erlebbare Realität zurückbekommen. Wenn du etwas erfährst, was du nicht erfahren möchtest, dann deshalb, weil du die Aufmerksamkeit immer wieder dort hingibst ... du widmest dich einer Sache, der du dich eigentlich nicht widmen möchtest ... aus welchen Gründen auch immer.

Wichtig: Eine Sache abzuwehren oder Widerstand aufzubauen, ist ebenfalls eine Art, etwas stark zu fokussieren (siehe Beispiel „Schokolade"). Du kannst also das Erwünschte viel leichter anschauen, wenn du zuerst das Unerwünschte angeschaut und *widerstandslos* anerkannt oder akzeptiert hast.

Die drei Fragen werden dich schnell und elegant aus jedem unerwünschten Fokus herausholen. Du kannst sie als „Quickie-Meditation" machen, bei der du einfach deine Innenwelt, deine Gedanken, anhand der drei Fragen betrachtest. Du kannst sie auch als schriftliche Übung machen, oder als Art Tagesplanung. Du kannst sie verbal machen, indem du mit dir in Dialog trittst. Und du kannst sie handlungsmäßig machen, denn: Auch das Sprechen und Handeln ist eine Form von Aufmerksamkeit, eine Form der Widmung einer Sache. Wenn du dieselbe Übung als Aktions-Übung machen möchtest, fragst du einfach: 1. „Was tue ich?", und tust das noch einmal absichtlich (das macht dir dein Handeln bewusster und somit handhabbarer!), 2. „Was könnte ich stattdessen tun?", hier schaust du dir die Optionen an oder probierst sogar einige aus (denn durch das Ausprobieren weißt du besser, ob es dir gefällt oder nicht) und 3. „Was möchte ich wirklich tun?" und wählst die Aktivität aus, die dir gefällt.

In manchen Fällen wurde bereits so viel Energie in eine unerwünschte Realität investiert, dass diese drei Schritte nicht auszureichen scheinen. Das sind die Sachen, die du automatisch fokussierst, die immer wieder „von ganz alleine" auftauchen, ohne dass du dies bewusst entschieden hast. Bei diesen handelt es sich um Dinge, die derart mit Bewertungen, Erwartungen, Emotionen, Überzeugungen und Definitionen *aufgeladen* sind, die so wichtig erscheinen, dass du die Aufmerksamkeit gar nicht davon abziehen möchtest, oder deine kreative Energie scheinbar davon nicht abziehen kannst. Natürlich kannst du die Aufmerksamkeit jederzeit und immer davon abziehen, aber es scheint dir so real, solide und wichtig, dass du zwar einerseits die Aufmerksamkeit verlegen willst, aber es andererseits doch nicht willst. Die Vertiefung der 3 Fragen bietet hier Abhilfe:

Die Vertiefung der drei Fragen

1. Wo steckt meine Aufmerksamkeit fest?
(Fühle die emotionale Energie)

Mache es dir einfach bequem und beginne sanfter, langsamer und tiefer zu atmen. Atmung ist Energie und wird dir dabei helfen, die in Emotionen feststeckende Energie zurückzuholen. Entspanne dich beim Ausatmen, lasse von der Kontrolle, vom festen Griff los: vom Griff auf deine Gefühle, deine Gedanken, deinen Körper, vom Griff auf das Leben. Lockere das, entspanne dich, und dann begib dich direkt mit der Aufmerksamkeit zu genau der Realität, Situation, dem Problem, der Krise, der hartnäckigen Verhaltensweise, die du nicht mehr erleben möchtest und von der du die Aufmerksamkeit scheinbar nicht abziehen kannst. Was wir hier tun wollen ist, die emotionale Energie, die im Problem enthalten ist, zurücknehmen, zu entspannen und sogar noch einen Schritt weiter: in Wohlbefinden verwandeln! Während du mit deiner Achtsamkeit, mit deinem Bewusstsein, beim unerwünschten Thema bleibst, spüre die Aufladung, spüre die Emotionalität. Das, was du da spürst, ist die Summe der Aufmerksamkeit, die du bereits darin investiert hast. Das ist die Energie und Macht, die du diesem Thema durch deinen Fokus gegeben hast. Damit sich die Emotion befreien kann, sich wieder in die freie Energie verwandeln kann, die es ist, und damit dir diese Energie wieder zur Verfügung steht, ist es nötig, dass du diese Eindrücke jetzt voll und ganz fühlst. Egal was es ist, ob Scham, Traurigkeit, Lethargie, Angst, Trägheit, Wut, lasse auftauchen, was sowieso schon da ist, lasse auftauchen, was gesehen werden will. Weine, wenn nötig. Gebe den Versuch auf, diese Gefühle abwehren oder kontrollieren zu müssen. Abwehr impliziert, dass diese Sache nichts mit dir zu tun hat, und das wiederum impliziert, dass du nichts daran ändern kannst. Gebe den Widerstand auf und nimm das, was du unbewusst kreierst, und kreiere es ganz bewusst. Fühle die Emotion als Energie und lass sie sich im Körper ausbreiten. Tauche in dieses Gefühl hinein. Lasse deine Bewertungen, Meinungen, Erwartungen, Gedanken, Selbstkritik einfach weg und gehe direkt in das reine Gefühl an sich ... das ist die Lebensenergie, die du zurücknehmen wirst. Atme dort hinein, atme damit, atme sogar *als* dieses Gefühl. Nehme wahr, wie groß es ist, seine Ausdehnung, wie es sich bewegt, wenn du die Dämme entfernst. Die Emotion an sich ist nämlich nicht das Problem. Emotion ist nur Energie, und Energie ist neutral. Deine Filter, Glaubenssätze und Bewertungen lassen dieselbe Energie sich als Angst oder Freude anfühlen. Angst ist Lebensenergie, die durch einen negativen Filter fließt, Freude ist Energie, die durch einen positiven Filter fließt. Aus dieser Perspektive sind Angst und Freude die gleiche Energie! Und auf diese Weise dient dir das Gefühl, das du als „negativ" betitelst: als Indikator dafür, durch welche gedanklichen Filter du deine Energien fließen lässt. Unterdrückst du diese, unterdrückst du deine eigene Lebensenergie, dich selbst! Tue das nicht, höre auf zu unterdrücken und vollführe diese Prozedur in Selbstachtung. Liebe dich selbst, Liebe die Energie und das, was sie dir zeigen möchte. Wenn du die Etiketten weglässt und einfach nur annimmst, was wirklich da ist, wirst du feststellen, dass das, was du als „negative Emotion" betitelt hast, einfach nur Energie ist, die du nutzen kannst, die dir dienlich ist, die du zurücknehmen kannst. Sie steckte lange genug in diesem Thema fest. So wirst du mit dieser Art von Übung immer mehr Energie haben als vorher. Erweitere deine Neugierde und Forschungslust, betrachte mit frischen Augen und verweile mit bedingungsloser Toleranz und Liebe.

Wenn du dieses emotionale Clearing verstärken möchtest, kannst du dir, nachdem du es gefühlt hast, die folgenden Fragen stellen:

a) Welchen Nutzen könnte das für mich gehabt haben? Was könnte sich meine Seele dabei gedacht haben, mir das mit auf den Weg zu geben? Inwiefern war mir das dienlich? Warum habe ich dieser Sache bewusst oder unbewusst meine Energie gegeben?

b) Wenn ich mich selbst vollkommen lieben und akzeptieren würde, was wäre das Thema dann? Wie würde es sich dann anfühlen?

c) Möchte ich davon loslassen, diesem Thema Energie zu geben?

d) Möchte ich davon loslassen, diesem Thema Aufmerksamkeit zu geben?

e) Wann werde ich davon loslassen, diesem Thema Energie zu geben? Ist es der richtige Zeitpunkt, sich von dieser Realität zu verabschieden? Ist es jetzt der richtige Zeitpunkt, andere, schönere Dinge zu fokussieren?

Im ersten Schritt dieser Wunderübung erkennst du lediglich an, dass du einem Thema deine Energie gegeben hast, und entscheidest dich dafür, sie zurückzunehmen.

Das war also die verlängerte Version von Schritt 1 „Wo ist meine Aufmerksamkeit momentan?" Du hast festgestellt, wo deine Aufmerksamkeit feststeckt und warum sie dort feststeckt, und hast die schmerzhafte Emotion in Entspannung und Energie verwandelt. Der zweite Schritt lautet:

2. Wo könnte meine Aufmerksamkeit jetzt sein?

Von den unendlich vielen Optionen, die es gibt, wo könnte die Aufmerksamkeit jetzt sein? Auch diesen Schritt werden wir nun erweitern. Hier eignet es sich, viele Optionen zu erkennen, denn das Erkennen der vielen Optionen befreit dich von der rigiden Fixierung. Es eignet sich auch, hier Dinge anzuschauen, die frische Energie und Lebensfreude enthalten. Schon allein, wenn du an diese Dinge denkst, spürst du ein Feuer in dir, dieser mentale Fokus produziert einen Sog, heilt einen energielosen Zustand, erweckt deine Kraft, lässt Konzentration mühelos werden. Beispiele:

Begib dich mit der Aufmerksamkeit zu schönen Orten. Orten der Kraft. Orten, die dir persönlich etwas bedeuten. Bemerke, wie blitzschnell die Aufmerksamkeit dort hinreist. Sie ist weder durch Körper, Raum noch Zeit begrenzt. Sei mental in der Natur, im Gebirge, am Meer, am Strand, in atemberaubenden Städten oder vielleicht sogar an Orten außerhalb dieses Planeten, außerhalb dieser Dimension. Begib dich dorthin, zu deinem persönlichen Ort perfekter Ruhe oder berauschender Ästhetik oder Kreativität oder romantischer Verzauberung, und sei mit allen Sinnen dort anwesend. Vielleicht sogar dreidimensional und farbig. Wie fühlt es sich an, die Aufmerksamkeit *dort* liegen zu haben? Wechsle nun mit sanfter Aufmerksamkeit (keiner harten Konzentration, sondern sanfter Bewusstheit) zu Erinnerungen an Zeiten, in denen es dir gut ging, in denen du deine Kraft spürtest, in denen du erfolgreich warst. Und genau in dem Moment, wo du dich daran erinnerst, das wieder belebst, bist du bereits wieder in der Kraft, fühlst bereits wieder die Energie, die du damals hattest, bringst die Energie ins Hier und Jetzt. Das sind alles Optionen, die du hast!

Wenn du die momentane Umgebung aus der Brille deines neuen Fokus interpretierst, statt sie als Ausrede zu benutzen, in dein altes Gefühl zurückzufallen, wird sich genau diese Umgebung Stück für Stück verbessern. Genauso, wie du jederzeit in diesen Modus gelangen kannst, in deinen Ideal-Modus, so kannst du auch jederzeit und immer rückfällig werden und in den alten Modus zurückgehen. Doch so schnell,, wie du im alten Modus bist, kannst du auch schon wieder im neuen sein. Jeder Augenblick enthält immer alle Optionen und du hast IMMER die freie Wahl zwischen diesen.

Es gibt jedoch durchaus noch schwierigere Fälle, indem du so „tief drin" warst, dass es mühevoll scheint, die Aufmerksamkeit vom unerwünschten abzuziehen und in Schritt 2 die Aufmerksamkeit auf andere Optionen zu richten. Aber auch hierfür gibt es eine Lösung, die ich dir im Folgenden mitteile.

Wenn es dir nicht möglich scheint, das positive zu fokussieren, wenn das in dir Druck statt Erleichterung erzeugt, dann geht es nun darum, erleichternde Gedanken zu finden. Nicht alle positiven Gedanken sind wirklich „positiv" für dich, manche erzeugen Druck, weil sie einfach ein paar Stufen „zu hoch" für deinen gegenwärtigen Zustand sind. Ein gutes Gleichnis: Du möchtest auf einen Zug aufsteigen, der in die richtige Richtung fährt. Deine negativen Muster entsprechen einem Zug, der in die falsche Richtung fährt oder überhaupt nicht fährt. Positive Gedanken entsprechen einem Zug, der in die richtige Richtung fährt. Aber *zu* positive Gedanken entsprechen einem Zug, der *zu schnell* fährt! Und was passiert, wenn du versuchst, auf einen Zug aufzuspringen, der zu schnell fährt? Du schaffst es nicht. Du prallst ab. Du fällst wieder zurück. Oder du prallst so stark ab, dass du dich dabei sogar verletzt. Es ist durchaus möglich, dass die Gedanken, die ich im letzten Absatz mitgeteilt habe, ein Zug sind, der zu schnell für dich ist. Deshalb geht es in diesem zweiten Schritt darum, Gedanken zu finden, die realistisch genug sind, dass sie ein Gefühl der *Erleichterung* verursachen. Wenn du diesen zweiten Schritt schriftlich machen würdest, würdest du dir beispielsweise deine Gedanken zum Thema aufschreiben und diese dann so umformulieren, dass sie glaubhaft, realistisch und erleichternd sind. Hast du den Gedanken „Er hat mich verlassen, ich werde nie ohne ihn leben können, diese Verletzung wird nie verheilen", dann wäre die Umformulierung „Mir geht es hervorragend, ich verschwende keinen Gedanken mehr an ihn" möglicherweise ein Zug, der „zu schnell" ist. Der Gedanke „Das Leben geht trotzdem weiter" wäre jedoch möglicherweise der glaubhafte, realistische Gedanke, der dich erleichtert. An andere Männer zu denken, die dir gefallen, wäre vielleicht der Gedanke, der dich erleichtert.

So hast du also in der Vertiefung dieses Schrittes zwei Variationen: Streue die Aufmerksamkeit auf andere Dinge oder suche nach den erleichternden Gedanken und zwar so lange, bis du die Erleichterung wirklich fühlst. Die dritte Frage lautet:

3. Wo möchte ich jetzt meine Aufmerksamkeit haben?

Welche Entscheidung treffe ich bezüglich meiner Aufmerksamkeit? Richte die Aufmerksamkeit hier auf eine Realität, die du erleben möchtest. Benutze die Form gebende Phantasie, um dir über diese klar zu werden, um einen bleibenden Eindruck zu hinterlassen. Male dir das aus, was du dir wünschst und strahle die Aufmerksamkeit darauf. Fühle, höre und sehe die Erfüllung genauso real und dreidimensional wie deine äußere Umgebung. Berühre diese Vision und fülle sie mit einem Gefühl der Vorfreude. Und betrachte, was du tun würdest, wenn es bereits so wäre oder wenn du dir absolut sicher wärst, dass das real wird. Was siehst du dich tun? Wo gehst du hin? Mit wem sprichst du? Welche Dinge besorgst du? Denn: Das sind die Aktivitäten, die lediglich **in deinen Alltag hinein kopiert** werden müssen damit sich deine Vision manifestiert. Die Vertiefung dieses dritten Schrittes besteht darin, diese Aktivitäten nach deiner Meditation in einen Terminkalender einzutragen und tatsächlich auszuführen. Projiziere deine Träume nicht in die Zukunft, bringe sie ins Heute.

2. Dem Leuchten folgen

Es gibt ein extrem starkes Energiefeld, das du um dich herum erzeugen kannst, ein elektrisches, magnetisches Schwingungsfeld, das Wunder bewirken wird. Dieses Energiefeld besteht aus den Komponenten Dankbarkeit, Erstaunen & Wertschätzung. Das ist das Energiefeld des Zauberers. Das meine ich nicht nur metaphorisch. Diese „Physik der Liebe" erzeugt tatsächlich Sogkräfte und Wirkungen, die deine kühnsten Erwartungen übertreffen werden. In diesem Energiefeld gibt es nichts, was dir wirklich schaden kann. Dankbarkeit ist der Zustand eines Menschen, der das, was ihm bereits an Geschenken zuteilwurde, anerkennt. Es ist der Zustand des Menschen, der das, was er bereits hat, zu nutzen weiß. Dieser Mensch wird noch mehr bekommen. Erstaunen ist der Zustand eines Kindes, das nicht müde wird, das Mysterium und Wunder des Lebens bewusst zu sein. Wertschätzung ist der Zustand eines Schöpfers, der weiß, dass alles, was er erfährt, von ihm selbst in Liebe erschaffen wurde.

„Sanfte Euphorie" ist ein weiteres Wort, das ich benutze, um die emotionale Energie zu umschreiben, die du brauchst, um innerhalb relativ kurzer Zeit gute Ergebnisse der Realitätsverwirklichung zu erzeugen. Eine sanfte Welle der Euphorie ergibt sich aus Dankbarkeit, Erstaunen und Wertschätzung. Erkenne: Wenn du erst darauf wartest, diese Dinge zu fühlen wenn deine Wünsche sich verwirklicht haben, dann möchtest du, dass der Spiegel lächelt, bevor du lächelst. Das funktioniert nicht so gut. Du brauchst mich hier nicht beim Wort zu nehmen. Du kannst dir den Einfluss, den du auf die Realität hast, selbst beweisen, da positive Resultate der in diesem Kapitel beschriebenen Methoden bereits nach 3 Tagen beginnen, sichtbar zu werden und bereits nach 3 Wochen unübersehbar und offensichtlich sind.

Die persönliche Energieliste

Nimm ein leeres Blatt Papier zur Hand und schreibe die Dinge auf, die dich persönlich...

> ...interessieren,
> ...faszinieren,
> ...begeistern,
> ...die du bewunderst,
> ...die du schätzt,
> ...die du schön findest,
> ...die du genial findest,
> ...bei denen du Enthusiasmus spürst,

...nach denen du dich sehnst,
...die eine sanfte oder starke Euphorie in dir auslösen.

Auf dieser „Energie-Liste" können Orte, Menschen, Ziele, Wünsche, die Natur, Künstler, Farben, Filme, Bücher, Kulturen, Lehrer, Szenarien, Situationen, Erinnerungen, Vorstellungen sein. Das kann Themen wie Beruf, Geld, Gesundheit, Körper, Liebe, Sex, Spiritualität, Politik, Kulturelles, Mode, Musik, Science-Fiction, Geschichte, Natur, Architektur, Phantasie, Emotionen, Weltbilder, Organisation oder sonst etwas betreffen.

Schreibe geduldig, achtsam und bewusst, denn diese Liste reflektiert die Sehnsucht deiner Seele. Während des Schreibens kann es wirklich nichts Wichtigeres geben. Tue das bitte jetzt, bevor du weiter liest, denn die Antworten, die du im Leben suchst, liegen nicht „irgendwo im nächsten Kapitel", nicht irgendwo im nächsten Buch, nirgendwo in der Außenwelt, sondern in dir. Diese Antworten sind bereits auf dieser Liste enthalten!

Die Energie, die Realität erschafft, das „Leuchten", wird mit Begriffen wie „Enthusiasmus", „Wertschätzung" oder „Euphorie" am besten umschrieben. Willst du im Leben irgendetwas von Wert erleben oder etwas Grundlegendes über dich selbst herausfinden, wirst du lernen müssen, diesen emotionalen Zuständen wiederholt nachzugehen, sie herzustellen, anzuschauen (wie du es gerade mit der Liste gemacht hast) und das essentielle Gefühl an sich auf die von dir erwünschten Realitäten zu projizieren. Die persönliche Liste, die du soeben erstellt hast, ist wichtiger als jedes Buch, da sie mentale Konzepte enthält, die aus dir selbst kommen statt aus zweiter Hand.

Außer der magischen Erschaffung von Realität dient diese sehr hohe *emotionale Schwingungsfrequenz* auch der Heilung von Krankheiten, der Auflösung von Problemen, dem Kontakt zu dem, was viele als „Höheres Selbst" bezeichnen, der Entdeckung von „Wer du wirklich bist" und einer Reihe anderer Erfahrungen von *hoher Qualität*. Wie schwer es doch ist, krank zu sein, während du dich in einem Zustand von *Begeisterung* über eine Arbeit (*Arbeitsrausch*) befindest. Wie schwer es ist, sich mit jemandem zu streiten, gegenüber dem man starke *Wertschätzung* empfindet. Wie leicht es ist, etwas zu lernen, wenn man wirklich am Thema *interessiert* ist. Wie viel Spaß es machen kann, „diszipliniert" zu sein, wenn eine Sache tatsächlich *fasziniert*. Wie leicht es ist, sich wohl zu fühlen, wenn man etwas Bezauberndes und Schönes *bewundert*. Ein Großteil meiner Arbeit mit Menschen befasst sich mit dem Fühlen dieser bereits und jederzeit in dir vorhandenen Energie und mit dem, was es für dein Leben bedeuten kann, diesem Leuchten zu folgen.

Verzicht beginnt nicht damit, seine wahren Wünsche und Ziele nicht zu verfolgen, sondern damit, nicht einmal zuzugeben, was deine wahren Interessen sind. Diese Liste hat nichts mit den langweiligen Zielen zu tun, die dir von der Gesellschaft vorgegeben werden oder mit den Zielen, die du aus einem Zustand der Trägheit oder Bedürftigkeit formuliert hast. Es geht hier auch noch nicht darum, ob diese Dinge „realistisch" sind oder nicht, sondern erst einmal „nur" um die Energie, die du spürst, wenn du an diese Dinge denkst, zunächst ohne Anspruch darauf, diese zu realisieren. Was willst du also wirklich? Was berührt dich *persönlich*? Deine Liste wird Dinge enthalten, die „gesellschaftlich akzeptabel", im Bekanntenkreis „angesagt" sind, in den Printmedien als „richtig" angepriesen werden, aber es wird auch Einiges geben, was fern jeder Konformität und Angepasstheit ist. Niemand – kein Buch, kein Seminar, kein Coach, dieser Autor, kein Lehrer, kein Freund, kein Elternteil – weiß besser als du selbst, was **für dich gut** ist. Dein Gefühl weiß es am besten, egal was andere sagen. Für die Zeitdauer dieses Kapitels muss das, was dich elektrisiert, romantisiert, euphorisiert, nicht einmal produktiv oder mit Geldeinnahmen verbunden sein, ja, es muss nicht einmal „spirituell" sein. Es darf, aber es muss nicht. Erlaube dir, heute neu hinzusehen, erlaube dir einen Tick mehr Egoismus im positiven Sinne: Vielleicht sind es teilweise ganz andere Dinge, denen du dich gerne widmen würdest. Worauf wir hier hinaus wollen, ist die emotionale Elektrizität, die ein bestimmtes gedankliches Konzept für dich enthält. Für den einen mag ein einfaches Fußballspiel Euphorie erzeugen, für den anderen die Begegnung mit einer bedeutenden Persönlichkeit, für einen dritten der Spaziergang am See, für einen vierten finanzieller Reichtum, für einen fünften die Beschäftigung mit UFOs, für den sechsten der Beitritt zu Greenpeace, für den siebten ein sexuelles Abenteuer mit der Nachbarin.

Hochenergie-Meditation

Ich lade dich nun ein, 15–30 Minuten über die Dinge auf deiner Liste zu *meditieren*. Du weißt nicht, wie das geht? Doch, natürlich. Schließe die Augen und denke einfach an jeden einzelnen Punkt der Liste. Fühle, wie es sich anfühlt, über diese Dinge nachzudenken. Denke einfach bewusst und absichtlich an jeden Punkt der Liste, bis du die damit zusammenhängende Energie im Körper *fühlst*. Beende die Übung erst dann, wenn du den Enthusiasmus wirklich *gefühlt* hast. Benutze zur Unterstützung deine Phantasie. Wenn du noch eine Prise Dankbarkeit dazugeben kannst, umso besser.

Was sind die unmittelbaren Auswirkungen dieser Energie? Wenn du dich in diesem Zustand befindest: Wie verändert sich dein Körpergefühl? Deine

Körperhaltung? Deine Bewegungen? Wie verändert sich dein Blick? Wie verändert sich deine Stimme? Wie verändert sich deine Motivation? Dein Denken? Deine Wahrnehmung der Umgebung? Wie verändert sich die Art, wie andere auf dich reagieren? Wie verändert sich dein Tun? Warum verändert sich dein Zustand und dein gesamter Ausblick schon alleine dadurch, dass du nur an diese Dinge denkst? Und daraufhin natürlich die Frage: Wenn das bereits die kurzfristigen Resultate dieser Energie sind, was könnten dann wohl die langfristigen sein? Was würde vermutlich passieren, wenn du eine ganze Woche überwiegend in diesem Zustand verweilen würdest? Gibt es noch andere, weniger offensichtliche Auswirkungen, die dein Fokus auf diese Energie bewirken könnte? Und: Was verleitet uns dazu, aus diesem Zustand herauszutreten?

Das einzige, was uns dazu verleitet diesen Zustand zu beenden, ist die Art, wie wir die Umstände interpretieren/bewerten. Dabei bestimmen wir unseren Zustand nicht selbst, sondern lassen die **Umstände diktieren,** wie wir uns fühlen. „Weil mein Bankkonto im Minus ist, fühle ich mich *so.*" – „Weil mir das als Kind passiert ist, fühle ich mich *so.*" – „Weil mein Traummann noch nicht aufgetaucht ist, fühle ich mich *so.*" – „Weil es auf der Welt Leid gibt, fühle ich mich *so.*" Die Liste der Gründe, in einem nicht effektiven, nicht ressourcevollen, nicht liebevollen Zustand zu sein, können endlos sein. Doch der Zustand hilft weder dir selbst noch der Welt weiter. Und wie du gerade festgestellt hast, ist der Zustand jederzeit hier und jetzt abrufbar, auch ohne dass irgendeine Bedingung dafür erfüllt sein muss, auch ohne dass du es dir „verdient" haben musst. Du kannst dir sogar den Zustand natürlicher Freude herbeiholen, ohne es an irgendetwas festzumachen. Beabsichtige eben mal kurz, große Freude zu spüren ... ohne Grund, ohne Anker ... auch ohne die Energie-Liste und ohne die Gedanken. Spürst du die Veränderung in dir?

Alltägliche Realität ist meiner Meinung nach ein Gefühl. Das Leben ist ein Gefühl, das die meisten zer-denken. Alltägliche Realität ist eine Spiegelung dessen, was du fühlst. Um das ganze „Geheimnis des Erfolgs" gleich vorwegzunehmen: Es ist ausschließlich von Bedeutung, was du **Hier und Jetzt** fühlst. Es ist ausschließlich von Bedeutung, dass du dich wohl fühlst. Deine Mission im Leben ist es, glücklich zu sein, mehr nicht. Einen besseren Seinszustand kannst du jederzeit, ohne Hilfe von außen und *unabhängig der Umstände erzeugen.* Das hast du dir gerade selbst mit der Hochenergie-Meditation *bewiesen.* Du musst nicht erst warten, bis Dutzende von *Bedingungen* erfüllt sind, bis eine Reihe von *Gründen* erfunden wurde, um dich wohl zu fühlen. Fühle dich schon vorher gut, und das, was du willst, wird fast von ganz alleine eintreten. Dinge werden beginnen auf magische Weise zu

„passieren". Durch deine neue emotionale Schwingung, die du ins Universum ausstrahlst, wirst du neue Ereignisse anziehen. Warum, woher, wieso all diese „Zufälle" auftauchen, das entzieht sich dem rationalen Verstand. Gleiches zieht Gleiches an. Man nennt dies in der Metaphysik und Esoterik „Das Gesetz der Resonanz". Indem du zuerst dich veränderst, verändert sich allmählich die Realität um dich herum. Du musst zuerst deine Schwingung (das Gefühl) mit dem synchronisieren, was du willst, bevor du diese Sache haben oder erleben kannst. Jedem positiven Ereignis, das du im Leben hattest, ging zuerst ein Gefühl der Vorfreude voraus. Was du heute als „feste, echte Realität" erlebst, ist ein Spiegel oder ein Feedback deiner bisherigen Schwingung, deines bisherigen Lebensgefühls. Je öfter die Schwingung „ausgesandt" wurde, desto mehr verfestigte sie sich, *materialisierte* sie sich. Es hat in deinem Leben noch nie funktioniert und wird auch nie funktionieren, auf Veränderungen zu *warten* oder diese vom Leben *einzufordern*. Das wäre, als wolltest du, dass der **Spiegel lächelt, bevor du lächelst**. Um das zu bekommen, was du willst, musst du genau das zuerst **sein**.

Warum nicht Jetzt?

Das wundervolle an dieser Energie ist, dass sie tatsächlich immer, jederzeit, dauernd, *verfügbar* ist. Die Komödie besteht darin, dass wir das bereits Vorhandene oft nicht wahrnehmen oder nutzen, auch wenn es „direkt vor unserer Nase" ist. Stattdessen beginnen wir eine „Suche" danach, wodurch wir uns immer davon entfernen. Warum nehmen wir es nicht wahr, warum nutzen wir es nicht? Das hängt damit zusammen, dass wir im Geiste etliche Bedingungen mit dem Glücksgefühl verknüpfen. Diese Komödie zieht sich durch die ganze Gesellschaft. „Erst wenn das und das passiert, dann ist es angebracht, das und das zu fühlen". Ganze Bücher werden darüber geschrieben, was alles gemacht werden muss, bevor man sich gut fühlen kann. Es hängt auch mit der Denkweise zusammen „weil ich mich eben vor einem Moment nicht so gut gefühlt habe, kann ich mich nicht jetzt plötzlich und grundlos anders fühlen". Diese Denkweise, die in dieser Dimension linearer Zeit besonders stark verankert ist, ist tatsächlich eine der lustigsten Illusionen überhaupt. Tatsächlich existiert die Vergangenheit, außer als Erinnerung in unserem Verstand (und sogar diese Erinnerung findet jetzt statt), überhaupt nicht, nicht einmal die Vergangenheit, die noch vor einer Minute „real" war. Stattdessen existiert eine Rechtfertigung für unser Fühlen, die wir häufig auf „Vergangenheit", „was passiert ist" oder eben auf „die Umstände" schieben, um bloß keine Verantwortung für unser Fühlen übernehmen zu müssen. Doch nur, weil die Vergangenheit so und so und so war, bedeutet das überhaupt nicht, dass die Gegenwart und die Zukunft „so und so und so" sein *müssen*.

Jede Sekunde, die vergeht, ist eine weitere Chance, alles völlig anders zu sehen, zu fühlen, zu tun.

Warum nicht Jetzt? Wenn du dir deine Ziel-Listen, Wünsche oder sogar fast alles, was du tust, anschaust, wirst du feststellen, dass du das willst oder tust, *um* das Glücksgefühl zu erleben. Was du dir von der Erreichung dieser Dinge letztlich erhoffst, ist ein bestimmtes Lebensgefühl oder die Vermeidung eines unguten Gefühls. Wenn du jetzt nicht besonders denkfaul bist, wirst du erkennen, dass du schon dein ganzes Leben dieses „Feeling" von endlosen Umständen, Menschen, Situationen, Dingen oder Voraussetzungen abhängig machst und du dir nur ganz wenig davon erlauben möchtest, bevor nicht ... bevor nicht was? „Wenn Wochenende ist, dann ...", „Wenn ich Geld habe, dann ...", „Wenn der Traumpartner da ist, dann ..." Musst du wirklich warten, bis du dieses und jenes tust, dieses und jenes weißt, um dich vollkommen erfüllt zu fühlen? Oder könntest du beschließen, urplötzlich, ohne jeden weiteren Aufschub, dich so gut zu fühlen wie noch nie, indem du dir z. B. einbildest, dass du all das bereits hast oder indem du jetzt schon eine Aktivität fokussierst, die du liebst?

Wenn du nicht gerade denkfaul bist, wirst du jedoch auch folgenden Einwand haben: Wenn ich jetzt schon glücklich bin, dann brauche ich meine ganzen Ziele nicht mehr zu verfolgen und werde demotiviert. Es ist schon richtig, dass wir normalerweise Schmerz, Angst und Unwohlsein als Motivatoren benutzen, um überhaupt etwas anzugehen, überhaupt etwas zu erreichen. Aber: Es ist nicht immer nötig, es ist nicht unbedingt effektiver, und vor allem: Das eine schließt das andere nicht aus. „Ziele verfolgen" und „im Hier und Jetzt zufrieden sein" sind, entgegen dem weit verbreiteten Irrtum, keine Dinge, die sich ausschließen. Denn „Ziele verfolgen" findet ebenfalls im Hier und Jetzt statt, und sie werden sogar um einiges schneller erreicht, wenn du schon vorher glücklich bist, anstatt Glück ewig auf die Zukunft zu projizieren. Es ändert sich nur das Motiv: Du willst diese Sache nicht mehr, um glücklich zu sein, sondern um Spaß zu haben und dein bereits vorhandenes Glück mit der Welt zu teilen.

Handeln aus Freude

Wenn du deiner inneren Passion, deiner Freude folgen würdest, was würdest du dann diese Woche tun und nicht mehr tun? Möchtest du das kurz aufschreiben, um dir bewusster zu werden, oder die Frage einfach übersehen? Das, was du nicht mehr tun würdest und trotzdem weiterhin tust, ist natürlich etwas, von dem du meist, du *müsstest* es tun, *solltest* es tun. Es sind Verpflichtungen, die du denkst zu haben, und diese sind nicht selten von *Überlebens-*

26

drang oder *Geldsorgen* motiviert. Ich schlage nicht vor, all diese Dinge ab heute aus deinem Leben zu verbannen. Es gibt Dinge, die du dir im Rahmen dieser Gesellschaft ausgewählt hast, die ohne Aufschub erledigt werden müssen, keine Frage. Aber ich gehe jede Wette ein, dass du die Zeiten, in denen du deiner wahren Natur folgst, etwas steigern kannst, ohne dafür kriminell oder obdachlos zu werden.

Ich möchte noch einmal betonen, dass deine alltägliche Welt beginnt, sich auf „magische Weise" zu entwickeln, wenn du beginnst, den Dingen zu folgen, die du liebst, anstatt dich mit Dingen zu verausgaben, die dich weder interessieren noch betreffen. **„Ja, das bin wirklich ich"** fühlst du, wenn du gerade mit einer Sache beschäftigt bist, die du magst. Und weil es „Wirklich-Ich"-Aktivitäten sind, fallen sie dir automatisch leichter, geschehen müheloser und fließender. Das ist der in der Psycho-Literatur berühmte **Flow**-Zustand, von dem viele schwärmen, den aber wenige erleben. Achte auf die **„Zufälle"** (inklusive finanzieller Unterstützung, die plötzlich „aus dem Nichts" kommt), die herbei rasen, wenn du der Energie folgst. Nimm wahr, wie die Menschen, welche die Interessen ihres Herzens missachten, ja geradezu mit Füßen treten, das Leben stets als „Kampf" empfinden und immer zuwenig Geld, zuwenig Zeit, zu wenige Ressourcen zu haben scheinen. In einem bewussten, energievollen Leben wird es durchaus noch ein paar „Verpflichtungen" geben, und zwar solche, die mit den Gesetzen der Gesellschaft und mit deinen bisherigen Zusagen zusammenhängen. Aber wenn der überwiegende Teil der dir gegebenen Zeit in der Energie-Zone verbracht wird, wirst du diese paar Pflichten mit Leichtigkeit meistern.

Solltest du eine Lesepause einlegen wollen, um das Bisherige auf dich wirken zu lassen, wäre jetzt ein guter Zeitpunkt.

Hochenergie-Meditationen

Nachfolgend ein paar simple, optionale Übungen, mit denen du deine Energiestruktur sofort verbessern kannst.

Bewunderung ausdehnen

a) Gehe spazieren.
b) Nimm etwas oder jemand Schönes wahr und atme es ein. Halte den Atem kurz an, bevor du langsam und sanft ausatmest.
Wiederhole das eine Weile. Danach: Wie fühlst du dich?

Bewunderung ausdehnen – die Profi-Variante

a) Gehe spazieren.
b) Nimm etwas oder jemand wahr, das du normalerweise kritisierst.

c) Betrachte wertfrei, bis du Dinge daran erkennst, die du gut findest.

d) Projiziere bewusst Wertschätzung oder Anerkennung auf die Sache oder Person.

Wiederhole das eine Weile. Danach: Wie fühlst du dich?

Enthusiasmus ausdehnen

a) Notiere ein paar Aktivitäten, die dich begeistern würden.

b) Wähle von diesen eine aus, die hier und jetzt möglich wäre, und führe sie 15 bis 30 Minuten aus.

Danach: Wie fühlst du dich?

Enthusiasmus ausdehnen – die Profi-Variante

a) Gehe spazieren. Bilde dir ein, dass alles, was du jemals erreichen wolltest, alle Sehnsüchte, alle Visionen, jetzt bereits erfüllt sind. Atme sanft, tief und ausgiebig und gehe zu 100 % davon aus, dass du alles bereits hast.

Dankbarkeit ausdehnen

a) Gehe spazieren und sprich laufend und nur Dinge aus, für die du dankbar sein kannst.

Danach: Wie fühlst du dich?

Wertschätzung ausdehnen

a) Gehe spazieren.

b) Betrachte einen Menschen aus folgendem Standpunkt: Genau wie ich lernt dieser Mensch, genau wie ich leidet dieser Mensch manchmal, genau wie ich ist dieser Mensch manchmal glücklich, genau wie ich lebt dieser Mensch.

c) Projiziere bewusst **Liebe** und Wertschätzung.

d) Diese Meditation kann auch mental, mit geschlossenen Augen mit verschiedenen Leuten angewandt werden.

Danach: Wie fühlst du dich?

Wertschätzung ausdehnen – die Profi-Variante

a) Erstelle eine Liste der Selbstkritik, in der du alle Eigenschaften aufschreibst, die dich an dir stören.

b) Lege deine rechte Hand auf die Herzgegend (wo dein Herz klopft) und lasse die Hand während der gesamten Zeitdauer der Übung dort.

c) Denke an den ersten Punkt der Liste und frage dich: „Wenn ich mir selbst vergeben würde, wenn ich mich selbst lieben und akzeptieren würde, wie würde ich mich dann mit dieser Eigenschaft fühlen?" Gehe so die gesamte Liste durch.

Wertschätzung ausdehnen – die Super-Profi-Variante

a) Erstelle eine Liste von Problemen und unerwünschten Zuständen in deinem Leben.

b) Lege die rechte Hand auf die Herzgegend und die linke Hand auf die Stirn. Atme sanft, langsam und tief und behalte dies während der gesamten Übung bei.

c) Denke an den ersten Punkt der Liste und frage dich: „Wenn ich mir selbst bedingungslos vergeben und mich wertschätzen würde, wie würde ich mich gegenüber diesem Thema fühlen?"

Danach: Wie fühlst du dich?
Wundere dich nicht, wenn du dich nach solchen Betrachtungen sensationell gut fühlst. Die Energie der Liebe transformiert, nicht im mystisch-abgeklärten oder hoffnungsvollen-new-age Sinne, sondern ganz praktisch, alltagsnah und konkret. Dasselbe Prinzip der letzten Übung anders ausgedrückt: **Wolle, was du hast, dann kannst du haben, was du willst**.

Hochenergie in Musik

Nichts in der Außenwelt kann die Energie ersetzen, die bereits in dir vorhanden ist. Du brauchst keine Bedingungen mehr erfüllen, um dich gut zu fühlen. Manche Dinge, die du jedoch als positiv bewertet hast, unterstützen dich dabei, das zu fühlen, was in dir ist. Hier nur ein Beispiel: Nimm Musik zur Hand, die dir persönlich sehr gut gefällt. Lege dich hin, schließe die Augen und lasse die Musik dich berühren und inspirieren. Fühle, was deine persönliche Lieblingsmusik in dir verursacht. Wenn du möchtest, kannst du pro Lied einen deiner Lebenswünsche visualisieren. Ziele-Visualisation gepaart mit emotionaler Energie kann viel bewirken.

Segnen, was dir gut tut

Laufe umher und lobe oder segne die Dinge, die gut für dich sind. Was du auf diese Weise betrachtest, vermehrt sich.

Obwohl es vielleicht so erscheint, als enthielte dieses Kapitel viele verschiedene Dinge, viele verschiedene Übungen, läuft alles auf eine einzige Entscheidung deinerseits hinaus: Folgst du dem Weg deines Herzens, folgst du der Energie oder nicht? Und es läuft auf eine einzige Aktion aus: Fokussierst du gerade einen Gedanken oder eine Handlung, die mit deinen höchsten Interessen zusammenhängt oder nicht?

Einwände

„Ja, aber ..." wird so mancher aufgrund des bisher Dargebotenen sagen. Es gibt durchaus einige legitime Einwände zu der hier angedeuteten Lebensweise, und ich möchte mich diesen nachfolgend stellen. Es wird auch einige geben, die keine Einwände haben, und es wird solche geben, die zwar behaupten, keine Einwände zu haben und trotzdem aus „irgendwelchen mysteriösen Gründen" nicht ihrer Energie, ihrer Kraft, dem inneren Feuer der Liebe folgen. In Wirklichkeit halten uns aber nicht irgendwelche „mysteriösen Gründe" davon ab, sondern einzig und allein unsere Entscheidung.

- *Ich weiß nicht, was mich begeistert.*

Nicht zu wissen, was dir gefällt, ist definitiv unmöglich. Diese Aussage ist vielmehr ein Anzeichen dafür, dass du es dir selbst oder anderen gegenüber nicht *zugeben* möchtest, weil du vielleicht Schuldgefühle hättest, bisher nicht danach gehandelt zu haben, oder weil du dich dann verpflichtet fühlen würdest, handeln zu müssen. Es gibt selbstverständlich immer Dinge, die du sehr gerne tun würdest, und es gibt immer schon hier etwas, das am interessantesten zu tun wäre, ja sogar etliche attraktive Optionen, aus denen du auswählen könntest.

- *Um zu tun, was ich wirklich will, muss ich warten, bis ...*

Eine der wirksamsten Erfolgs-Formeln, die ich dir überhaupt geben kann, lautet: *Wer aus dem Wenigen, das er **bereits** hat, das Meiste macht, wird mit weniger Aufwand mehr bekommen.* Das Geheimnis ist, dass *jeder* Mensch *immer* bereits hier und jetzt genug Ressourcen hat, um mit dem anzufangen, was ihm wirklich Spaß macht. Dies ist universell wahr. Wenn du dich an dem Ort, wo du gerade bist, umschaust, *genau hinsiehst,* wirst du bestimmte Materialien, Objekte, Informationen, Menschen, Ressourcen entdecken, die dem, was du wirklich willst, dienlich sind, die dich befähigen, zu beginnen. Dir wird kein Wunsch gegeben ohne die Kraft und die Ressourcen, um diesen zu erfüllen. Der Aufschub dieser Aktivitäten auf die Zukunft ist eine Illusion. Durch diese illusionäre Denkweise verzerren wir unsere Wahrnehmung häufig so stark, dass wir gar nicht wahrnehmen, was wir hier und jetzt bereits alles haben. Nehmen wir mich als Beispiel. Als Teenager war einer von vielen Traumjobs (die sich mittlerweile alle erfüllt haben), Schriftsteller zu werden. Ich hätte nun sagen können „Ich muss erst ein Autorenseminar besuchen" oder „Ich brauche erst einen PC oder eine Schreibmaschine, um schreiben zu können". Doch in meiner unmittelbareren Nähe hatte ich einen Kugelschreiber und einen Papierblock und habe aus dem wenigen, was ich bereits hatte, das meiste gemacht. Ich fand mich plötzlich beim Schreiben wieder. Heute habe ich 25 Bücher auf dem Markt, 10 davon unter einem Pseudonym, 15 unter meinem Namen. Das Motto hier ist: *Die Ressourcen sind bereits da. Die Frage ist, ob du das, was schon da ist, **nutzt** oder nicht.* Dieses Prinzip lässt sich mühelos auf Menschen erweitern. Ziehe in Betracht, dass es sein könnte, dass du den Geschäftspartner, den du dir wünschst, oder den Beziehungspartner, den du dir wünschst, oder den Kunden, den du dir wünschst, dass du diese Person bereits kennst, diese Person bereits in deinem Leben ist, ohne dass du sie als solche erkannt hast.

- *Die Dinge, die mich begeistern, bringen mir kein Geld.*

Verzichtest du auf etwas, das dir zusagt, um zunächst etwas zu tun, was dir missfällt, um „Geld zu verdienen", befindest du dich in einer weit verbreiteten Falle. Der begrenzte Intellekt, der sich um Sicherheit sorgt, hat nicht die Kapazität, vorherzusehen, welche Resultate es haben wird, wenn du der Energie folgst, aber trotzdem behauptest du von vornherein „Es bringt kein Geld". Die einzige „Sicherheit", die dir ein solcher Weg gibt, ist die Sicherheit und Garantie, ein Leben in Mittelmäßigkeit zu führen, stagnierend, in Angst, eingefroren. Mein Vorschlag wäre es, die Sache zunächst trotzdem zu tun. Vielleicht bringt sie zunächst tatsächlich kein bares Geld, aber sie wird garantiert zu Dingen führen, die dir Geld bringen. Wenn du dazu noch nicht bereit bist, dir selbst noch nicht ausreichend vertraust, dann versuche zumindest „nebenbei" die Arbeit aufzubauen, die stärker deinem wahren Selbst entspricht. Meine Erfahrung und die Erfahrung aller anderen, die das hier vorgestellte Prinzip konsequent leben, ist, dass das „Universum dich unterstützt", wenn du dich selbst unterstützt. Bist du in einem Beruf involviert, der dir ein gewisses Maß an finanzieller Sicherheit bietet, dir aber keinerlei Freude bereitet, wirst du, wenn du von diesem Beruf loslässt, um etwas Besseres zu tun, diese finanzielle Sicherheit *verlieren,* aber letzten Endes noch mehr verdienen. Wie könnte es auch anders sein? Eine Person mit dieser Energie kann sich meistens vor Geld, Geschenken und materiellen Gütern kaum retten. Lass diesen Einwand bitte kein Hindernis sein, um dein wahres Selbst zu offenbaren. Die folgende Unterscheidung ist hier vielleicht hilfreich: Du möchtest in Wirklichkeit auch kein Geld an sich, keine Papierscheine an sich. Was du in Wirklichkeit möchtest, ist die Fähigkeit, das zu tun, wenn du es tun möchtest, das zu haben, wenn du es haben möchtest. Und das kann, aber muss sich nicht immer in der Form von Papierscheinen zeigen.

Synonyme für die Hochenergie

- Exaltierung
- Enthusiasmus
- Aufregung
- Ereiferung
- Interesse
- Erregung
- Freude
- Anregung
- Stimulierung
- Liebe
- Erleichterung

Der Perlenkette des Höheren Selbst folgen

Gerade wurde darüber gesprochen, einen Hochenergiezustand selbst zu erzeugen und aus diesem Zustand heraus zu leben. Es wurde darüber gesprochen, dass diese Lebensweise zum Resultat hat, dass sich die Wünsche, die du hast, fast von alleine manifestieren. Es gibt jedoch auch einen zweiten Weg, einen alternativen „Lebensweg" sozusagen, der ebenfalls bestens funktioniert und er besteht ganz einfach darin, dem, was sich dir *bereits* als interessant, schön, faszinierend ***anbietet***, zu folgen. In der ersten Variante erzeugst du das Gefühl selbst, in der zweiten achtest du auf die Dinge der „äußeren Realität", die dieses Gefühl automatisch in dir erzeugen. Einige dieser Dinge stehen bereits auf deiner Energie-Liste.

„Folge deiner höchsten Freude", wie es in etlichen Esoterik- und Erfolgsseminaren heißt, muss nicht besonders kompliziert oder unergründlich sein. Es ist eine sehr praktische, alltagstaugliche Anweisung für Hier und Jetzt. Du kannst es gerne erschweren, wenn du möchtest, aber es ist nicht besonders schwer. In deinem natürlichen Zustand ist es eigentlich das *Müheloseste* und Leichteste, was es gibt. Stell dir einen Korken vor, der im Ozean schwimmt. Für diesen Korken ist es sehr leicht, über Wasser zu bleiben. Den Korken unter Wasser zu halten, kostet da schon mehr Aufwand. Doch kaum lässt du los, „Plopp", ist der Korken wieder in seinem normalen Zustand. Es gibt keine faulen, trägen, antriebslosen Menschen, sondern nur uninteressante Aktivitäten. Dieses Prinzip des „Follow your Passion" oder „Follow your Excitement", wie es im Englischsprachigen so schön heißt, ist ein in Seminaren und Büchern oft übergangenes, unzureichend beschriebenes, missverständlich dargestelltes und deshalb von vielen „Suchern" vergessenes Thema. Schade eigentlich, denn es ist das Wichtigste. Nur allein diesem Prinzip zu folgen, egal, wer du bist, egal, wo du bist, würde, ohne alle Techniken, Übungen und Empfehlungen, dieses Buches schon ausreichen, um zu einer „magischen Person" mit einer magischen Ausstrahlung zu werden, und gleichzeitig genau das, was du wirklich bist und willst, zu erleben.

„Die höchste Freude der Seele" ist, einfach ausgedrückt, „du selbst", „einfach du" zu sein, so gut es dir eben von Moment zu Moment möglich ist. Ob etwas „wirklich du" bist, erkennst du unmittelbar und offensichtlich am Gefühl der sanften Euphorie, des Interesses, der Erleichterung oder der Liebe, wobei die Dinge, die du liebst, die Dinge, die für dich Energie enthalten, sich im Laufe der Zeit *ändern*. An einer Sache festzuhalten, nur weil sie früher die Energie enthielt, nur weil du sie früher mochtest, würde bedeuten, von diesem Weg längst abgekommen zu sein. Folgst du diesem Gefühl, fügen sich alle Puzzlestücke deines Lebens auf elegante Weise zusammen. „Der höchsten Freude folgen" kann, muss aber nicht notwendigerweise, bedeuten, dass du dauernd an der „Karriere deines Lebens" bastelst, es muss sich nicht immer als „das Riesenprojekt" oder das „Finden des Traumpartners" zeigen. Es kann und wird oft damit zu tun haben, muss es aber nicht. Das ist eines dieser Missverständnisse, die viele hegen. Diese Leute tendieren dann auch noch zur Selbstkritik, nur, weil sie gerade an etwas scheinbar „Geringerem" als dem „Lebensprojekt" arbeiten. Dabei ist dieses „Lebensprojekt" nicht immer, nicht jeden Tag, die Sache, die am meisten Energie enthält. Verliebt sein mag einige Monate am meisten Energie enthalten, aber es ist doch nicht die ganze Zeit so. Dein Traumpartner ist doch nicht dein einziger Lebensinhalt.

Stattdessen, beginne „klein", beginne hier und jetzt der Energie zu folgen, einfach von Augenblick zu Augenblick. In jedem Hier-Jetzt, in jeder Szene des Augenblicks, in **JEDEM** Hier und Jetzt, stehen dir mehrere Optionen dessen, was du tun könntest, zur Verfügung (schau dich um). Egal, wer du bist, egal, wo du bist. Du hast hier die Wahl zwischen verschiedenen Optionen:

✈   ☎   🗄

Um dem „Ruf des Höheren Selbst", dem „Ruf Gottes", zu folgen, musst du lediglich die Option auswählen, die gerade am meisten Energie enthält, am meisten Interesse entfacht und genau das tun, genau in die Richtung gehen, so gut du eben gerade dazu in der Lage bist. Nehmen wir an, du setzt dich hin und machst eine *Bestandsaufnahme der Gegenwart,* und es gibt momentan 3 Dinge, die du tun könntest (in Wirklichkeit gibt es eine unbegrenzte Zahl an Dingen, die du tun könntest, aber sagen wir, du fokussierst drei).

Wähle einfach die aus, die am meisten Energie enthält. Vor allem, wenn du dir nicht sicher bist, für welches du dich entscheiden sollst, ist *Interesse* der beste Indikator für das, was wirklich richtig ist. Das war's schon. Somit könntest du dieses Buch eigentlich schon beiseitelegen. Ein leichteres Leben, im Sinne von *Leichtigkeit und Freiheit*, wirst du anders nicht bekommen. Das ist alles.

Und dann? Ja, dann, im nächsten Moment, mache eine weitere Einschätzung der Hier-Jetzt-Lage: Aus allen Möglichkeiten, die jetzt gerade, *direkt vor meiner Nase*, verfügbar sind, welches ist die Gelegenheit, Situation, Richtung, der Umstand, der am meisten Enthusiasmus/Interesse/Energie/Freude/ Liebe/Euphorie *enthält*? Und sobald du festgestellt hast (und das ist leicht, denn du *fühlst* es), was das ist, gehe in die Richtung oder tue es, so gut es dir momentan eben möglich ist. Und nimm oder „trage" diese Aktivität oder diesen Fokus, soweit er sich tragen lässt, soweit es geht, nach bestem Wissen und Gewissen. Und dann, wenn es nicht mehr weitergeht, du es nicht mehr weiterführen kannst, es sich „ausgeführt" hat, anstatt dich fertig zu machen, gedanklich zu beschimpfen und deine Existenz in Frage zu stellen, stelle dir wieder die Frage: „Aus allen Dingen, die hier und jetzt verfügbar sind, welches hat davon die meiste Energie?" Es gibt immer, immer, immer, immer eine Option, die am meisten Energie enthält. Das mag manchmal sehr viel Energie sein (Enthusiasmus) und manchmal weniger (Interesse), aber es gibt in jeder „Filmszene" eine Option, die im Vergleich zu anderen „heraussticht", „herausragt", besonders augenfällig ist, *sich anbietet*:

Sobald du bestimmt hast, was das ist, tue es … und setze es fort, führe es bis zu Ende aus, mache dann eine neue Lage-Einschätzung, und setze es wiederum fort … bis zum Ende deines Lebens … und sogar darüber hinaus. So einfach kann es wirklich sein.

*Freude ist der **Faden**, der dich zu allen anderen Freuden führt.* Sie **ist** der Lebensfaden des Höheren Selbst, des Gottes in dir. Wenn du die Energie empfindest (manche nennen es *Intuition*), ist das ein **Signal** deines „höheren Selbst", es ist das, was deine Seele gerne tun würde (wenn nicht dauernd das ängstliche Ego-Ich mit seinem begrenzten „das kann ich mir aber nicht vorstellen" dazwischenplappern würde), es ist das, worauf das spielerische und äußerst machtvolle innere Selbst Lust hat und hängt mit deinem ursprünglichen **Lebensdesign** zusammen. Dein Leben hast du als Seele entworfen, und deine Gefühle sind ein **Indikator** dafür, ob du gerade dabei bist, dieser für dich entworfenen Straße zu folgen oder nicht. Entweder du vertraust dem oder nicht. Wenn du dem nicht vertraust, wirst du bald feststellen, wie allerlei negative „Zufälle" auftreten, sich häufen und du von einem Problem ins nächste stolperst. Das Gefühl sanfter Euphorie ist die Energie, die **direkt zu dir selbst führt**. Meiner persönlichen Meinung nach ist dies der schnellste Weg zu dem, was Leute „Erleuchtung" nennen. Folge dem, egal wie es aussieht oder „von außen" erscheint. Egal, ob du denkst, es hätte etwas mit dem zu tun, was du **„tun solltest"** oder nicht. Egal, ob es so aussieht, als hätte es etwas mit deinen Zielen zu tun oder nicht, denn manchmal sieht es nur so aus, als hätte es mit deinen Zielen nichts zu tun. Egal, ob die Gesellschaft es als „produktiv" erkennt oder nicht.

Für all jene, die nach ihrem „Schicksal", ihrer „Lebensmission", ihrem „Sinn im Leben" fragen, enthielt der letzte Absatz eine unmissverständliche Antwort. Wenn du das wirklich verstehst, ist die „Suche" zu Ende, und das Spiel kann beginnen.

Aber: Folge dem Leuchten mit *Integrität*, das heißt mit dem Wissen, dass „Alles Eins ist" oder „Was du gibst, ist das, was du bekommst". Folge also der Aktion mit Respekt vor den Realitätsrahmen deiner Mitmenschen, sonst wird aus „Folge deiner Freude" lediglich ein egozentrischer Amoklauf. Du kannst deiner höchsten Freude folgen, ohne anderen zu schaden, ohne „Egoismus" im schädlichen Sinne, da du weißt, dass du alles zurückbekommen wirst, was du nach außen hin abgibst. Amokläufe resultieren übrigens daraus, dass jemand *negativer Euphorie* folgt. Mit Integrität meine ich sicherlich nicht „aus Mitleid mit deiner Freundin in der Beziehung zu bleiben, obwohl sie seit Jahren keine guten Erfahrungen mehr birgt". Integrität ist nicht mit der gesellschaftlich indoktrinierten, scheinheiligen Auffassung von Moral zu verwechseln. Wenn jemand negativer Freude folgt, resultiert das aus jahrelanger Unterdrückung eines Wunsches. Mit Integrität deiner Freude zu folgen, geschieht also nicht aus Rebellion zu einer Unterdrückung, sondern aus dem Herzen.

Das hier sind alles nur Worte. Das Feuer der Liebe brennt nicht auf diesen Seiten, sondern in dir. Lässt du das Feuer der Liebe brennen, kommt der Rest von alleine. Doch manchmal sieht die Sache, gegenüber der du am meisten Liebe hegst, so aus, als sei sie nicht in Übereinstimmung mit dem, was du deiner Meinung nach tun solltest. Aber der äußere Schein kann wirklich trügen, das Gefühl ist die Sprache, die Kommunikationsform deiner Seele. „Warum" du deiner Intuition gefolgt bist, wird sich immer herausstellen, häufig jedoch im Nachhinein. Ein Beispiel, basierend auf einer wahren Begebenheit zwischen mir als Coach und einem meiner Kursteilnehmer:

F: „Was sind deine Optionen?"

S: „Nun ... momentan sitze ich im Park. Ich hätte die Option, jetzt nach Hause zu gehen und zu arbeiten. Eine andere Option wäre, hier zu sitzen und mich zu entspannen. Die Option gefällt mir besser, birgt mehr Energie. Aber es gibt noch eine dritte Option, die mir am meisten Spaß machen würde: Die Eichhörnchen zu füttern. Hört sich blöd an, oder?"

F: „Ok ... tue genau das."

S: „Ja, aber das bringt mir eigentlich nix. Ich sollte heim, arbeiten. Eichhörnchen zu füttern wäre jetzt sehr kontraproduktiv!"

F: „Erzähl das mal den Eichhörnchen!"

S: „Na ja, ok ... für die wäre es ok, aber für mich ist es Zeitverschwendung. Ich muss heimgehen und Kunden anrufen."

F: „Enthusiasmus ist der Faden Gottes, und zeigt dir an, was dein Höheres Selbst, unabhängig der Ängste deines Egos, am liebsten tun würde. *Vertraue.* Tue es."

Was passierte? S. begann, die Eichhörnchen zu füttern. Schon nach 3 Minuten verwickelte er sich in ein Gespräch mit einer Frau in der Nähe, bei der er noch mehr Freude spürte. Er hörte auf damit, die Eichhörnchen zu füttern und vertiefte das Gespräch. Es stellte sich heraus, dass nicht nur sie seine neue Kundin wurde, sondern auch all ihre 1900 Mitarbeiter.

Hier ein weiteres, etwas extremeres Beispiel, ebenfalls aus einem meiner Coachings:

F: „Was sind die Optionen?"

S: „Ich würde am liebsten morgen kündigen."

F: „Was möchtest du stattdessen gerne machen?"

S: „Ich möchte Webdesign machen. Webdesign macht mir Spaß."

F: „Ok, wende dieselbe Zeit, die du für deinen bisherigen Job aufgebracht hast, für Webdesign auf."

Ein Monat später.

F: „Was ist passiert?"

S: „Ich habe gekündigt. Mit dem Webdesign habe ich noch keinen Pfennig Geld gemacht. Ich stehe am Abgrund, bin total am Ende. Hätte ich bloß meinen Job behalten, hätte ich nur nicht auf dich gehört."

F: „Hat dir das Webdesign Freude gemacht?"

S: Na ja ... ich muss erst mal schauen, dass ich Aufträge bekomme, da kann ich nicht einfach machen, was ich will. Ich habe einen Auftrag angenommen, der mir keinen Spaß macht, um zumindest die aktuelle Telefonrechnung zu bezahlen. Für die Miete reicht es leider nicht."

F: „Bist du mit der Miete schon überfällig?"

S: „Nein, aber bald."

F: „Bist du dir da sicher? Folge endlich deiner höchsten Freude. Gestalte nur Designs, die dir persönlich Freude bereiten. Wenn da nicht etwas funktioniert, leihe ich dir Geld für deine Miete, okay?"

Anhand dieses Beispiels ist erkennbar, dass dieser Lebensweg manchmal Mut, existenziellen Mut, erfordert. Der Webdesigner lebt heute von seiner Arbeit in Wohlstand, hat sich ein Haus am Meer gekauft und lebt prächtig, und zwar nur drei Jahre nach diesem Gespräch.

Dem *Höheren Selbst* (deinem ursprünglichen Energie-Selbst, das unabhängig deines Körpers existiert) ist bekannt, was deine Wünsche, Ziele, Affirmationen, Visualisierungen, Entscheidungen und Präferenzen sind. Es möchte dich auf seine Art zu diesen hinführen, wenn du es ihm/ihr nur erlaubst. Die Energie-Indikatoren sind seine/ihre Art, dich zu Ereignissen zu führen, die für dich gut sind, die mit dir Eins-zu-eins übereinstimmen. Durch solche Fäden entstehen Zufallsketten (es sind eben keine „Zufälle") zur Manifestation deines Wunsches, auch wenn es auf den ersten Blick so aussieht, als hätte das Ereignis nicht das Geringste mit deinen Wünschen zu tun. Manchmal benutzt das Höhere Selbst, dessen Wege tatsächlich oft „unergründlich" sind, ein paar deiner reinen Ego-Wünsche und lässt sie als Karotte vor deiner Nase baumeln, lässt dich diesem Wunsch folgen, um dich an ein Ziel zu bringen, das viel bedeutsamer ist als das, was du ursprünglich vorgabst, zu „wollen". Beispiel: Du gabst vor, Sex zu wollen, wolltest aber in Wirklichkeit eine Seelenpartnerin. Das schöne Weib lockt dich in eine Wohnung, wo du einen Quickie erhoffst, aber dann überraschend jemand ganz anders kennen lernst, der viel mehr dem entspricht, wer du bist. Das dürfte als Beispielmetapher ausreichen. Energie zu folgen, ist zwar selten der offensichtlichste, rational nachvollziehbarste Weg zum Ziel, aber ich kann dir versichern, dass es nicht nur der berauschendste ist, sondern immer der *schnellste*. Wenn es mehrere Jahre härtester Arbeit zu brauchen scheint, bis du eine Kleinigkeit erreichst, dann nur deshalb, weil du der Vernunft folgst, anstatt der Energie. Ich behaupte, dass du als Individuum hier bist, um einen bestimmten, vor Eintritt in die Erdsphäre von dir selbst gewählten Zweck zu erfüllen, und dass diese Energie etwas mit dieser Lebensaufgabe zu tun hat. Du kannst behaupten, dass dem nicht so ist und weiterhin „vernünftig" sein, aber das zögert nur die Erfüllung deines Lebensdesigns hinaus. Du hast eben den freien Willen, mit deinem Lebensplan zu gehen oder gegen *deine* Strömung zu schwimmen. Das einzige scheinbare „Hindernis" liegt in der Art und Weise, wie wir uns als Menschen trainiert haben: *Misstrauen und sich gegen Enttäuschungen schützen zu wollen.*

Angst ist die gleiche Energie

Und nun zu einer interessanten für dich vielleicht völlig neuen Aussage: **Freude und Angst sind dieselbe Energie.** Was soll diese Aussage? Deine Ursprungsenergie, die ätherische Seelenenergie, wird von deinem Körper-Verstand-Mechanismus als Gefühl erfahren, dass wir mit Etiketten wie „Enthusiasmus", „Freude", „Liebe" umschreiben. Wenn du diese *Energie* durch Gedankenformen, Glaubenssätze, Definitionen, Bewertungen, Interpretationen deines Verstandes *filtern* oder *fließen* lässt, die mit deinen ursprünglichen Lebensabsichten übereinstimmen, spürst du diese Energie *als* „Euphorie" *als* „inneren Frieden". Wenn du die haargenau selbe Energie durch mentale Glaubenssätze, Definitionen und Interpretationen fließen lässt, die nicht mit deinem natürlichen oder höchsten Selbst übereinstimmen, spürst du die Energie *als* Angst. Es ist die gleiche Energie, nur durch verschiedene Filter fließend. Und genau auf diese Weise **dient** dir Angst: Als zuverlässiger Indikator dafür, dass du deine Lebensenergie durch Gedankenmuster und Definitionen-über-die-Realität fließen lässt, die nicht mit deinen höchsten Entscheidungen übereinstimmen, nicht in deinem Interesse sind. Deshalb: Unterdrücke die Angst nicht, denn damit **unterdrückst du deine eigene Lebensenergie.** Das Resultat davon kann nur ein Leben in Erschöpfung und Mittelmäßigkeit sein, bei dem du kaum irgendetwas fühlst, weder heiß noch kalt. Finde stattdessen heraus, auf welche dieser Gedankenmuster das Angstgefühl hinweist (wenn du es unterdrückst, findest du es nie heraus). Es ist nicht das Angstgefühl, das dein Hindernis ist, sondern deine eigene mentale Kreation. Das Gedankenmuster hinter einem Angstgefühl herauszufinden ist sehr unkompliziert und einfach. Frage „Was müsste ich glauben, um das zu fühlen/erleben?" oder schreibe einfach auf, was du denkst, tust und sagst, dann weißt du auch, was du glaubst. Ändere die Gedankenform zu dem, was dir lieber ist. Auch das ist sehr einfach und geschieht mit Hilfe deiner Vorstellungskraft, gepaart mit deiner emotionalen Energie. Wenn du die Energie stiller Euphorie durch ein konzentriertes geistiges Vorstellungsbild fließen lässt, „aktivierst" du damit einen Gedanken, *lädst* einen Gedanken *auf*. *Konzentration* und *Emotion* erschaffen einen Glauben. Glaube erschafft eine sich dauernd selbst bestätigende Wahrnehmung. Das einzige, was dies erfordert, ist natürlich, dass du täglich ein paar wenige Minuten innehältst. Wenn du nie innehältst, nie ein „Time-Out!" ausrufst, erhältst du auch keine Klarheit über deine Gedanken und Gefühle, ganz zu schweigen von den viele Optionen, die im Hier und Heute auf dich warten. Da Gedanken und Gefühle feinstoffliche Energie sind, die direkt grobstoffliche Realität erschaffen, wird dein Alltag beginnen, solche neuen Gedankenmuster zu reflektieren.

Handlungen auf Energie ausrichten

Du weißt bereits, dass es immer in deiner Macht liegt, eine Handlung, bevor du sie begehst, zu prüfen, zu justieren, zu kalibrieren, einzuschätzen und gegebenenfalls zu ändern, sie nicht zu tun oder etwas anderes zu tun. Wenn du behauptest, du könntest nicht anders, als so und so zu handeln, oder könntest bezüglich einer Sache nicht handeln, dann natürlich nur, um dich vor der Verantwortung vor dir selbst zu drücken. Abgabe von Verantwortung ist jedoch auch Abgabe deiner Macht. Zwei grundsätzliche Dinge: Es ist leicht und macht Spaß, deine Handlungen zu justieren. Zweitens: Nur, weil es einmal scheint, dass du keine Kontrolle über deine Emotionen oder Gedanken hast, oder weil du dich richtig schlecht fühlst, bedeutet das nicht, dass du keinerlei Macht mehr über deine Handlungen hast. Über deine Handlungen, über die Richtung, die du gleich einschlägst, hast du immer 100%ige Macht. Ist es nicht schön zu wissen, dass es da etwas gibt, worüber nur du entscheidest? Wenn du möchtest, probiere im Laufe des Tages ein paar Mal das Folgende:

Bevor du eine Handlung, Aussage oder Verhaltensweise begehst, **halte inne,** halte den Film an, rufe ein **„Time-Out!!!"** aus, und frage dich: Entspricht diese Handlung entweder

a)   der Person, die ich entschieden habe, zu sein oder
b)   der momentan verfügbaren höchsten Freude?

Wenn auf keine der Fragen ein „Ja" da ist, begehe die Handlung nicht, tue sie anders oder tue etwas, das mit deinen höchsten Interessen übereinstimmt.

Ich habe im Rahmen meiner Seminare Hunderte Leute kennen gelernt, die tatsächlich so tun, als seien sie nicht für ihre Handlungen verantwortlich, als gäbe es „Gründe" für ihr Verhalten, die „tiefer liegen", „in der Kindheit liegen", „wegen anderen getan werden", „wegen der Erziehung", „wegen meines Jobs", „weil es eine Gewohnheit ist", etc. Ich möchte jetzt schon vorwegnehmen, dass keine dieser Ausreden faktisch nachweisbar ist. Ob du hier und jetzt deinen kleinen Finger bewegst oder nicht, liegt in deiner Entscheidung, oder nicht?

Optionen erkennen & ihnen folgen

Um mehr mit diesen Konzepten vertraut zu werden, sie deinem Gedächtnis *beizubringen*, könntest du im Laufe eines Tages ein paar Mal Folgendes probieren:

1. Halte inne, setze dich hin, sei still, halte den Film an und betrachte! Was ist momentan vorhanden? Es gibt immer reichlich „Material" und „Überfluss", aber aufgrund des Nicht-Hinsehens ähnelst du manchmal einem Blinden.
2. Frage: Von den bestehenden Optionen und Ressourcen, von dem, was jetzt *möglich* ist, was wäre für mich am interessantesten zu tun?
3. Sobald du den Weg erkannt hast, tue es.

Wenn dir diese Art, bewusst zu leben, Spaß macht und offensichtliche, oft überraschende Erfolge birgt, könntest du das Konzept beispielsweise durch folgende Übung tiefer ins Gedächtnis einprägen:

1. Beende alles, was du gerade tust und halte inne. Dann erkenne die Option, die am meisten Energie enthält.
2. Tue sie.
3. Währenddessen oder danach: Bemerke, dass die Energie nach einer Weile *ganz natürlich nachlässt*. Anstatt dich dafür zu beschimpfen, an dir zu zweifeln oder zwanghaft an der Aktivität oder Situation festzuhalten, mache eine neue Bestandsaufnahme und erkenne, was *jetzt* am meisten Energie enthält. Da du dich in einem *ganz neuen Jetzt* befindest, ist es völlig ok., dass nun etwas anderes mehr Energie enthält. In etlichen Fällen wärst du nicht zu diesem neuen Jetzt gelangt, hättest du die vorherige Aufgabe nicht durchgeführt.
4. Sobald du den neuen Weg erkannt hast, gehe ihn.

Anmerkung: *Diese Hochenergie* muss sich nicht durch auf- und abhüpfen, wilde Leidenschaft oder ekstatische Freudenschreie ausdrücken. Diese Energie kann sich genauso als etwas Subtileres, wie innere Stille, mildes Interesse oder Entspannung ausdrücken.

Verpflichtungen und Enthusiasmus ausbalancieren

So mancher Anfänger bevorzugt es, nicht unmittelbar von allem loszulassen, was nicht seiner inneren Natur entspricht. Keine Sorge, du wirst nie mehr Glück erfahren, als du ertragen kannst. Wenn dir zuviel Freude suspekt ist, dann wähle den sanfteren Weg:

1. Gehe deinen Verpflichtungen weiterhin nach, aber sorge dafür, dass du von heute an immer etwas mehr Zeit mit Dingen verbringst, die du magst,

so dass der „Punktestand" am Ende des Tages, sagen wir, nicht mehr 10 zu 1 für Verpflichtungen ist (10 Stunden Pflicht, 1 Stunde Freude), sondern beispielsweise 6 zu 5 für Liebe, Leidenschaft, Interessen (6 Stunden wahre Interessen, 5 Stunden Pflicht). Pflichten, mit denen du dich „in der Vergangenheit" einverstanden erklärt hast, musst du selbstverständlich ausführen (= Integrität), und zwar solange, bis du sie in Übereinstimmung mit deiner Vereinbarung und den involvierten Personen *auflöst*.

2. Ganz Fortgeschrittene können versuchen, vorübergehend ein Gefühl des Enthusiasmus und der Liebe auf „unliebsame Pflichten" zu projizieren. Es kann beispielsweise absolute Wunder vollbringen, bewusst und absichtlich ein Gefühl der eifrigen Freude auf das Thema „Steuererklärung" zu projizieren.

Unerledigtes Erledigen

Es bringt dir überhaupt nichts, gewisse Verpflichtungen hinauszuschieben. Wenn du sie nämlich verzögerst oder verschiebst, hast du sie stets VOR dir, statt HINTER dir. Und das, was du VOR dir hast, und dir deshalb auch VORstellst, das beeinflusst deine Gefühlswelt. Unerledigtes möglichst schnell zu erledigen, sollte also eine Selbstverständlichkeit sein. Je mehr Unerledigtes du herumliegen hast, desto mehr ist deine Aufmerksamkeit (= kreative Energie) gebunden. Ist aber alles Unerledigte erledigt, befindest du dich in einem Fluss „freier Aufmerksamkeit". Freie Aufmerksamkeit erleichtert dir das, wovon in diesem Buch die Rede ist, ungemein.

Energie-Faden-Spaziergang

Das Prinzip erzeugt „wundersame Zufallsketten", wie du, wenn du bis hierher gefolgt bist, dankbar erkannt haben wirst. Hier ein Beispiel dafür, wie man diesen „Flow-Zustand" auf die Spitze treiben kann:
Spaziere frei und „sinnlos" umher, ohne jegliche Erwartungen. Suche dir etwas (Objekt, Ort, Ereignis), das dich interessiert. Gehe zu dem hin und untersuche, fühle, berühre, studiere es, bis dein Interesse befriedigt ist. Dann schaue dich um nach etwas anderem, das dich interessiert. Gehe so von Objekt/Ort/Ereignis zu Ereignis und surfe auf den Wellen der Euphorie.

3. Eine Realität SEIN

Du kannst nur etwas erleben, was du von vornherein bist. Deswegen wirst du zu dem, was du dir wünschst, zuerst werden müssen, bevor es sich als physikalische Realität manifestiert. Indem du deine eigene Schwingung der Sache, die du willst, angleichst, beginnst du diese Erfahrung und die dazugehörenden Umstände magisch anzuziehen. Der überwiegende Teil der Menschen vermutet, dass der Weg TUN-HABEN-SEIN der schnellste ist. Sie tun etwas, dann können sie etwas haben, und deshalb können sie etwas sein. Sie arbeiten, dann können sie Geld haben, dann können sie glücklich und anerkannt sein. Doch der Weg SEIN-TUN-HABEN funktioniert wesentlich schneller, wie du herausfinden wirst, wenn du es probierst. Um ein SEIN anzunehmen, bitte ich die Teilnehmer meiner Kurse, wie ein Schauspieler eine neue Rolle anzunehmen, und zwar mit allem, was dazugehört, um bereits heute das einzuüben, bereits heute mit dem zu spielen, was sie ihrer Aussage nach wünschen. Das beginnt vielleicht als Schauspielerei oder „So-tun-als-ob". Wenn sich der Lernende nicht stark genug mit seiner Rolle identifiziert, wird daraus eine „Vortäuschung", eine Lüge. Wenn er sich stark genug identifiziert, wird daraus für ihn selbst und für andere eine *Realität*. Ein anderer Ausdruck, den ich für diesen Prozess benutze, ist „die Physikalisierung eines Glaubenssatzes". Man „physikalisiert" also etwas, das man gerne glauben möchte, kommt der erwünschten Realität so nahe wie möglich, damit es nur noch in den Schoß fallen muss, wenn es sich tatsächlich manifestiert. Ich habe diese Methode in meinen Seminaren oft genug mit grandiosem Erfolg durchgeführt und möchte nachfolgend einige Beispiele aus dem echten Leben liefern.

Rebecca, 27, arbeitete als Beamtin für den Staat, als sie in eins meiner Coachings kam. Sie langweilte sich in ihrer Arbeit so sehr, dass sie jeden Lebensmut verloren zu haben schien. Ihre Arbeit war gut bezahlt und bot ihr „lebenslange Sicherheit", aber auf Kosten ihrer Lebendigkeit. Nach einigem Nachfragen konnte sie mir nicht sagen, welchen Job sie gerne stattdessen hätte. Da sie keine Alternative hatte, auf die sie ihre Energien richten konnte, würde es unmöglich werden, eine Veränderung zu bewirken. Als ich sie fragte, was ihr jedoch Spaß machte, nannte sie mir „Salsa tanzen" und „Massagen geben". „Aber damit kann ich kein Geld verdienen", sagte sie. Da ich diese Aussage bereits als „Standard-Einwand" von fast jedem Kursteilnehmer gehört hatte, nahm ich ihn nicht ernst. Auf die Frage, ob wir es trotzdem versuchen wollen, kam in ihre Augen ein neugieriges Leuchten. Ich durchlief also einige Prozesse mit ihr, bis sie genug Mut hatte, selbst zuzugeben: „Ja, Ok, ich wäre gerne Masseurin. Das würde mir Spaß machen. Ich massiere bereits so viele Leute, nehme aber nie Geld dafür." Es stellte sich heraus, dass sie *bereits* eine professionelle Massage-Liege hatte, *bereits* etliche Ausbildungen in verschiedenen Massage-Techniken hatte (darunter die von mir sehr geschätzte hawaiianische Tempelmassage Lomi Lomi Nui und eine Methode Namens „Wirbelsäulenausrichtung nach Dorn und Preuß, die ich später schätzen lernen würde). Erstaunlicherweise ist es häufig der Fall, dass Menschen, die einen inneren Wunsch haben, bereits die Ressourcen haben, um mit der Erfüllung dieses Wunsches zu beginnen. Das ist so, als wüsste das Höhere Selbst von vornherein, welche Wünsche jemand eines Tages haben wird, und die dazu erforderlichen Werkzeuge und Informationen schon vorher dafür bereitstellt. So bat ich sie also, die Realität „Ich bin Masseurin" zu SEIN. Sie sollte am nächsten Tag in meinem Seminarraum mit Massageliege, Accessoires, Musik, Ölen auftauchen, um zu massieren. „Wen soll ich massieren? Dich?" Das wäre eine Option gewesen, aber da es hier darum ging, das Prinzip „SEIN, bevor es physikalisch manifestiert ist" zu demonstrieren, würde sie sich Kunden auf ihrer Massageliege visualisieren und so tun, als ob sie diese massiere. Sie richtete also am nächsten Tag den Raum schön her, legte ihre Lieblingsmusik auf, und begann ihr Massage-Ritual in der Vorannahme, dass auf der Massageliege tatsächlich jemand liegt. Für einen außenstehenden Beobachter mag es lustig aussehen „Luft" zu massieren, aber es zeigt sehr gut, worum es bei dieser Methode geht: Mit den Dingen, die bereits verfügbar sind, so gut es dir momentan möglich ist, das, was du willst, zu SEIN, zu repräsentieren, zu *demonstrieren*. Rituelle Handlungen auszuführen, die weder der Körper noch das Unterbewusstsein noch das Überbewusstsein noch das Gedächtnis vergisst. Das „Universum" unterscheidet nicht zwischen „Phantasie" und „Realität". *Es kopiert lediglich deine Schwingung.* Darüber hinaus war es der Kreatorin erst durch das Erleben möglich festzustellen, ob es das war, was sie wirklich, wirklich wollte. Und das war es. Sie beichtete mir, dass sie sich während des Massierens und auch während dieses „So-tun-als-ob" so gut, so sehr „sie selbst" fühlte. Ich gab ihr einen symbolischen 50-Euro-Schein für ihre Massage, damit sie spüren konnte, wie es sich anfühlt, Geld dafür zu bekommen. Und sie verstand das Prinzip des SEINS. Ab dem Tag würde sie sich als Masseurin bezeichnen, sich als Masseurin vorstellen, entsprechende Visitenkarten und Websites herstellen, sich entsprechend kleiden und anbieten. Es gab im Laufe der nächsten paar Wochen noch ein paar wenige begrenzende Glaubenssätze auszuräumen („Mir fällt es schwer, um Geld zu bitten", „Ich möchte keine unsympathischen Kunden", „Ich habe kein Massagestudio"), doch schon zwei Wochen nach dem Ritual hatte sie ihren ersten zahlenden Kunden. Nach zwei Monaten hatte sie bereits 5 zahlende Kunden. Nach einem halben Jahr hatte sie bereits so viele Kunden und wiederkehrende Kunden, dass sie ihre Arbeit als Beamtin aufgeben konnte. Mittlerweile verbindet sie ihre Massage-Arbeit mit begleitender Lebensberatung, bzw. „Glücks-Coaching", wie sie das nennt.

Ich trainierte vor einiger Zeit einen erfolglosen Coach, dessen Herzenswunsch es war, vor vielen Menschen als Coach aufzutreten. Bis dahin hatte er jedoch immer nur einen Teilnehmer, höchstens zwei. Mit diesen arbeitete er zwar ganz gut, aber es reichte nicht, um seinen Lebensunterhalt zu bestreiten. Ich hatte ihm schon vor einiger Zeit erklärt, dass er das, was er sich wünscht, SEIN muss, aber er hatte es nicht mit der Konsequenz umgesetzt, die ich hier darstelle. „Aber ich BIN DOCH Coach." – „Aber du wünscht dir vor einer großen Gruppe aufzutreten. Hast du das schon mal demonstriert? Bist du schon mal der Coach gewesen, der das tut?" - „Das kann ich doch erst tun, wenn ich erst mal so viele Kursteilnehmer habe!" Offensichtlich hatte er das Prinzip „SEI die Realität" missverstanden. „Was tut jemand, der in der Vorannahme lebt, dass das bereits real ist?" fragte ich ihn vorsichtig. „Kunden akquirieren". „Wenn du bereits 20 Teilnehmer für einen Kurs hast, würdest du dann noch Kunden akquirieren?" hakte ich nach. „Nein ... ich würde meinen Kurs vorbereiten, einen Seminarraum anmieten..." Ich wies ihn an, genau das zu tun. Es stellte sich heraus, dass er noch überhaupt kein Konzept darüber hatte, wie er mit 20 Kursteilnehmern umgehen würde. Offensichtlich glaubte er nicht, jemals so viele haben zu können, weshalb er erst gar nicht dafür plante. Ich wies ihn an, diesen Kursraum für einen bestimmten Termin anzumieten, den Kursraum vorzubereiten, und Pappfiguren in die Stühle zu setzen, denen er einen Kurs geben würde. Und so ergab es sich, dass er drei Stunden lang in einem Hotel vor 20 Pappfiguren über sein Thema referierte, Meditationen gab, und sich vollkommen **in die Rolle einfühlte**. Die Hotelmitarbeiter machten zwar neugierige Augen, prüften aber nicht weiter nach, was da vor sich ging. Es wäre für sie ein lustiger Anblick gewesen. Er war also die Realität, die er sich so wünschte, **so gut es ihm momentan möglich war**. Er befand sich ein paar Stunden sehr nah an der Schwingungsfrequenz, die er sich wünschte. Das Endresultat ist, dass er heute tatsächlich vor großen Gruppen für große Firmen Kurse durchführt.

Marco war 35 Jahre alt, als er beschloss, alles in seiner Macht Stehende zu tun, „Die Traumfrau" zu finden. Aber er resignierte schon bald. War er das SEIN seiner Traumpartnerschaft? Nein. Er war zwar viel TUN, und TUN kann Resultate bringen, aber ohne das SEIN ist das TUN nur harte Arbeit ohne Früchte. Hatte er jemals seine Wohnung in der Erwartung hergerichtet, dass ihn die Traumfrau besuchen würde? Nein. Es sah bei ihm Zuhause grundsätzlich unaufgeräumt aus. Er hätte aufräumen können, Kerzen aufstellen können, gute Musik einlegen können. Denn jede Handlung, die in der Vorannahme durchgeführt wird, dass etwas real ist oder auf dem besten Weg ist, real zu werden, fördert auf fast mysteriöse Weise die Manifestation des Erwünschten. Ist er mit ihr Arm in Arm an schönen Orten spazieren gegangen? (Wobei er sich vorstellt dass sie neben ihm herläuft, dass er sie berührt, ihr durch die Haare fährt). Nein. Hat er sich mit der Rolle „Ich bin ein Traummann" identifiziert? Nein. Er hatte sich mit der Rolle „Ich bin ein einsamer Mann auf der Suche" identifiziert. Das mag zwar die einen oder anderen Resultate bringen, aber nicht unbedingt die, die er seiner Aussage nach wünscht. Auch Marco hat inzwischen sein Glück gefunden, nachdem er verstanden hat: Du musst die Realität, die du dir wünschst, zunächst einmal SEIN. Realität ist nicht das, was dir passiert ist, sondern das, was du heute entscheidest zu SEIN. Alles andere ist der Versuch, einen Spiegel zum Lächeln zu bringen, bevor du lächelst. Das ist aussichtslos, das weißt du selbst. Bevor der Spiegel lächelt, musst du lächeln. Das Leben, das physikalische Universum, die anderen Menschen sind der Spiegel und reagieren auf das, was du BIST.

SEIN kannst du auf den folgenden Ebenen:
- in deinen Absichten und Entscheidungen,
- in deinen Gedanken und Vorstellungen,
- in deinem Emotionen und Zuständen,
- in deinem Sprechen,
- in deinem Handeln,
- in den Symbolen, Requisiten, Accessoires, Objekten und Orten.

Zusammengefasst: Da, wo deine Aufmerksamkeit hingeht, da geht dein Sein hin.

Und du wärst überrascht, wie viel Kontrolle du tatsächlich über dein SEIN hast. In meinen Seminaren hat es sich als praktisch herausgestellt, zunächst einmal schriftlich zu definieren, welches SEIN du bereits lebst, und dann schriftlich festzustellen, welches SEIN du ab jetzt bevorzugen würdest. So stellst du fest, dass dein bisheriges SEIN lediglich eine Reihe von Gewohnheiten ist, die du durchaus hier und jetzt ändern kannst. Du bist weder das unerwünschte Sein noch das erwünschte Sein, du bist die definitionslose Energie dahinter, du bist Bewusstsein, du bist eine Seele, die in verschiedene Rollen schlüpft, diese erforscht und erfährt. Das Leben ist dein Drama, dein Theaterstück.

Was sind Entscheidungen, die du in letzter Zeit getroffen hast?
Was sind Gedanken, die du gewohnheitsmäßig hast?

Was sind Emotionen, die du gewohnheitsmäßig fühlst?
Was sind Aussagen, die du gewohnheitsmäßig machst?
Was sind Aktionen, denen du gewohnheitsmäßig nachgehst?
Was sind Symbole, Accessoires, Objekte und Orte, die du gewohnheitsmäßig anschaust oder mit denen du umgehst?

Und sobald du weißt, wer du sein möchtest, sage ICH BIN _____ .
Dann frage dich:

Welche Entscheidungen würde diese Person treffen?
Was sind typische Gedanken dieser Person?
Was sind typische Gefühle und Zustände dieser Person?
Was sind typische Aussagen dieser Person?
Was sind typische Aktionen dieser Person?
Wie bewegt sich diese Person?
Welche Symbole und Accessoires hat diese Person?
Welche typischen materiellen Objekte hat diese Person?
Welche Kleidung trägt diese Person?
An welche Orte geht diese Person typischerweise?

Ein SEIN ist in Wirklichkeit nur ein Gefühl, eine Schwingungsfrequenz, die du ausstrahlst. Aus diesem Gefühl heraus ergeben sich ganz natürlich bestimmte Handlungen, Gedanken, Körperbewegungen, bevorzugte Orte, Präferenzen, etc. Doch all das bewusst anzuschauen, bewusst zu tun, hilft den meisten Menschen, in ihrer bevorzugten Schwingung zu bleiben. Die Accessoires, „Theaterrequisiten", Objekte, Menschen erinnern sie an ihr erwünschtes SEIN, stärken das erwünschte SEIN. Und in meiner Arbeit mit Menschen geht es darum, ihnen zu helfen, dieses SEIN öfter und öfter einzunehmen. Zunächst wird es eingeübt, zunächst ist es ein Schauspiel. Doch allmählich wird es immer mehr zu der Realität, die du lebst. Und dann wird es zu der Realität, die andere wahrnehmen. Und dann wird es zu der Realität, auf die das Universum reagiert. Die spezielle Technik, die Art, wie ich Menschen dabei helfe, von ihren alten Gewohnheiten loszulassen und ein neues SEIN zu kreieren, ist folgendermaßen:

1. Kreiere die alte Realität ganz bewusst und absichtlich.
2. Kreiere die neue Realität ganz bewusst und absichtlich.
3. Wechsle zwischen beiden ab, bis du über beide die volle Kontrolle hast.

Das ist eine sensationell wirksame Technik, weil du nur dann etwas loslassen kannst, wenn du es wirklich „hast", weil du nur dann etwas Unbewusstes auflösen/aufhören kannst, wenn es dir sehr bewusst ist. So gewinnst du gleichzeitig die Kontrolle über dein altes, unerwünschtes Sein und baust gleichzeitig eine Handhabe über dein neues, erwünschtes Sein auf. Der Schlüssel dieser Technik ist volles BEWUSSTSEIN ... und zwar in Bezug auf beide Seiten, das Positive und das Negative. Nachdem einmal die automatischen, unbewussten Verhaltensweisen unter deiner Kontrolle sind, hörst du auf, diese zu produzieren und verlegst die Aufmerksamkeit nur noch auf das erwünschte SEIN. Hier Beispiele dieser Technik auf verschiedenen Ebenen:

AKTION/HANDLUNG

Jedes Mal, wenn Anette nach Hause kommt, schaltet sie automatisch und halbbewusst den PC ein, geht automatisch und halbbewusst zum Kühlschrank und isst automatisch und halbbewusst sehr viel. Das ist die Handlungsebene ihres alten SEINS. Als Handlungsebene ihres neuen SEINS hat sie Folgendes definiert: Nach Hause kommen und erst mal 10 Minuten zur Ruhe kommen, bevor sie handelt. Mit „zur Ruhe kommen" meint sie ein Time-Out oder einen Separator zwischen Berufs- und Privatleben einzubauen. Für sie ist das: Meditieren, Joggen, Duschen oder Gymnastik. So lass ich Anette 10-mal im Wechsel die alte und die neue Handlungsrealität kreieren: Sie kommt zur Tür herein, sie schaltet absichtlich den PC ein, geht absichtlich zum Kühlschrank und isst. Dann stoppt sie dieses Muster, geht wieder raus, kommt wieder zur Tür rein, zieht sich aus und meditiert. Dann wieder das alte SEIN. Dann Gymnastik. Dann wieder das alte SEIN. Dann Duschen. Dann wieder das alte SEIN. Dann Meditation. Dann wieder das alte SEIN, wobei ich sie es mit dem Essen übertreiben lasse. Dann Meditation. Dieselbe Übung lasse ich sie nun am nächsten Tag alleine machen, und zwar beim nach Hause kommen, in etwa 5 Wiederholungen. Ihre Automatik-Handlung ist ihr nun derart überbewusst, dass sie das nie wieder ganz automatisch tun wird. Gleichzeitig ist ihr sehr stark bewusst geworden, wie gut ihr das neue Sein tut, und so wird sie erst recht nicht in ihr altes Muster zurückfallen. Eine simple Technik mit lebensverändernden Resultaten.

EMOTION

Tom scheint die Angst vor seiner Präsentation in seiner Firma in ein paar Wochen nicht abstellen zu können. Die Angst stört seine Lebensqualität und seine Schlafqualität. Und sie passt nicht zu seinem neuen SEIN. So lasse ich Tom 30-mal im Wechsel die Angst spüren und dann die Leichtigkeit spüren, die er spüren möchte. Mit Hilfe der Phantasie, der Übertreibung von Emotionen und der Erinnerung lassen sich beide Zustände relativ leicht herstellen. Nach so vielen Wiederholungen ist der „Saft" aus der Angst völlig raus und es fällt ihm sehr leicht, in den Zustand der Leichtigkeit zu gelangen. Diesen wird er auch betreten, wenn er seine Präsentation abhält.

GEDANKE/VORSTELLUNG

Sam denkt: „Ich sehe nicht gut aus." Sam möchte denken: „Ich sehe gut aus." Ich verschreibe ihm eine Meditation, in der er absichtlich den einen Gedanken, dann absichtlich den anderen Gedanken denken soll. Dies wechselt er 30 Minuten lang ab und sein Problem ist gelöst.

ORT

Mika ist in ihrem alten SEIN immer in das Cafe „Giovane" gegangen. Als symbolische Repräsentation ihres neuen Seins wählt sie sich das Cafe „Sisco" aus. Sofern ihr alter Ort nicht mit zuviel Bedeutung und Wichtigkeit aufgeladen ist, wird sie den Wechsel schaffen, ohne zuerst das unerwünschte absichtlich produzieren zu müssen.

Fazit: SEI die Realität, die du dir wünschst, mit allem was dazugehört. Und wenn dir das schwer fällt oder nicht spielerisch und leicht genug passiert, dann SEI absichtlich die Realität, von der du nicht loskommst, denn was du bewusst kreierst, kreierst du nicht mehr unbewusst. Was du bewusst kreierst, kannst du auch bewusst ent-kreieren. Und vor allem: Diese spezielle Methode hat als Nebenzweck SPASS. Es kann sehr viel Spaß machen, dich neu zu erfinden, dich neu zu definieren und die entsprechende Symbolik dafür herzustellen oder zu besorgen.

4. Eine Gedankenform umwandeln

Das was du als physikalische, grobstoffliche Realität erlebst, war ursprünglich ein feinstofflicher Gedanke. Je mehr ein Gedanke sich verdichtet (je mehr Aufmerksamkeit ihm zufließt), desto mehr Einfluss nimmt er auf die Realität. Gleiches zieht Gleiches an. Wenn du einen bestimmten Gedanken gewohnheitsmäßig denkst, beginnen sich andere, ähnliche Gedanken um diesen zentralen Gedanken zu akkumulieren oder zu sammeln. Bald wird daraus ein Gefühl. Und dann beginnen sich Ereignisse um diesen zentralen, stark aufgeladenen Gedanken herum zu ereignen. Ein Gedanke, der energetisch derart aufgeladen ist, dass er die Realität beeinflusst, nennt man Glaubenssatz oder Überzeugung. Es ist tatsächlich so, dass das, was du für absolut wahr hältst, von dem du absolut überzeugt bist, sich in deiner dich umgebenden Realität reflektiert, bestätigt und immer wieder aufs Neue beweist und bewahrheitet. Dabei ist es egal, ob dieser Gedanke dir bewusst ist, oder ob er aus dem Unbewussten heraus wirkt. Es ist sehr leicht zu sehen was jemand wirklich glaubt, indem man anschaut, was diese Person erlebt. Solltest du also jemals „unbewusste" Glaubenssätze aufdecken wollen, betrachte einfach, was du fühlst, sagst und tust. Deine Handlungen sind ein hervorragender Indikator dafür, was du im Innersten glaubst. Wenn du also dein Leben und deine Realität stark verändern möchtest, wirst du zum Kern dieser Realität vordringen müssen. Und dieser Kern liegt nicht irgendwo im Außen, sondern in dir, als Gedankenform. Du kannst noch so viel unternehmen oder im Außen versuchen zu kontrollieren und steuern. Wenn die Kern-Gedankenform keine andere ist, wirst du immer wieder ähnliche Ereignisse anziehen, Ereignisse, die mit diesem Gedanken-Gefühlskonstrukt übereinstimmen.

Leider gehen die meisten Menschen immer noch von der folgenden Weltsicht aus: „Ich glaube es erst, wenn ich es sehe". Wenn du ein bewusster Schöpfer deines Lebens werden möchtest, wirst du diese Aussage umkehren müssen, dich auf das genaue Gegenteil einlassen müssen: „Ich sehe es erst, wenn ich es glaube". Wenn du es siehst, anschaust, erlebst, fühlst, wirst du es glauben können, und dann wird es auch in dein Erlebnisfeld gelangen. Die Philosophie „Ich glaube es erst, wenn ich es sehe" hält dich in einer endlosen Wiederholungsschleife gefangen, in dem jeder Tag ähnlich dem vorherigen ist. Es gibt sehr, sehr viele Varianten dieser Weltsicht. Eine lautet: „Ich glaube es, weil ich es erfahren habe". „Weil ich X erfahren habe, bin ich so und so". Diese Weltsicht basiert auf dem, was bereits passiert ist, auf der Vergangenheit, auf dem, was bereits kreiert wurde. Es macht dich zu einem einflusslosen Opfer dessen, was im Außen passiert. Die neue Weltsicht, die ich dir vorschlagen möchte, ist: „Ich erfahre es, weil ich es glaube" oder „Weil ich heute entscheide X zu sein, unabhängig meiner Vergangenheit, bin ich X". Die meisten Menschen scheinen bessere Beobachter dessen, was WAR, und dessen, was IST, zu sein, als dessen, was SEIN KÖNNTE, oder dessen, was sie MÖCHTEN. Frage dich selbst, was du öfters anschaust, was dein Orientierungspunkt ist: Das was gewesen ist, oder das was du möchtest? Deine momentane Umgebung oder deine Wünsche? Wo ist die meiste Aufmerksamkeit? Wenn dein Schwerpunkt auf den Dingen liegt, die waren oder sind, wirst du immer ähnliches erleben, weil dort deine Aufmerksamkeit ist. In guten Zeiten wird es dir gut gehen, in schlechten Zeiten wird es dir schlecht gehen. Wenn aber dein Schwerpunkt darauf liegt, was du MÖCHTEST, und was sein KÖNNTE, dann wird es dir in allen Zeiten gut gehen, egal was „im Außen" passiert. Werde also durchaus ein besserer Visualisierer dessen, was sein könnte, als ein Beobachter dessen, was ist. So wirst du zu einem Visionär. Viele verbringen die meiste Zeit damit, zu beurteilen, was erschaffen wurde, statt sich auszudenken, was sie erschaffen möchten. Die Aufmerksamkeit liegt hier auf dem, was sie eigentlich nicht mehr möchten, anstatt dem, was sie möchten. Wenn du ein Meister deines Lebens sein möchtest, ist es besser, die Vergangenheit dort zu lassen, wo sie hingehört: Nämlich in der Vergangenheit. Ich persönlich ziehe die Vergangenheit nur noch zu Rate, wenn es um Erinnerungen geht, die meinem gegenwärtigen Gefühl dienlich sind. Deine Träume bleiben deshalb „nur" Träume, weil du sie so selten anschaust, weil du deiner Umgebung mehr Bedeutung und Realität beimisst als diesen. Ansonsten gibt es keinen Unterschied zwischen „Realität" und „Traum".

Viele, die an diesen Dingen arbeiten, sind der Meinung, dass man „Glaubenssätze loswerden" und „Probleme auflösen" könnte. Das mag als „Stufe 1 – Erkenntnis" gültig sein und als solche auch funktionieren, aber ich möchte hier eine neue Perspektive und Herangehensweise zu diesem Thema einführen: Du kannst der Unendlichkeit weder etwas entfernen noch hinzufügen. Alles was existiert, existierte schon immer und wird immer existieren. Es gibt nichts, was man „loswerden" könnte, und nichts, was man in diesem Sinne „erschaffen" könnte. Wenn die Unendlichkeit bzw. dein Bewusstsein alles enthält und es nichts außerhalb dessen gibt, wo möchtest du denn dann diese „unerwünschten Gedanken" hintun? Es geht hier also nicht darum, etwas „loszuwerden". Etwas „loswerden zu wollen" ist außerdem eine Form von Aufmerksamkeit, wodurch das Unerwünschte noch realer wird! Stattdessen geht es darum, auszuwählen: Aus den unendlich vielen Optionen, Gedanken, Glaubenssätzen, Meinungen, Ansichten, die es gibt, solche auszuwählen, die sich für dich gut anfühlen, die dir gut tun, die dir leicht fallen, die zu deiner Natur passen. Dadurch verschwinden die alten Muster und Gedanken nicht.

Sie verlieren lediglich an Relevanz, sie verlieren an Macht über dich. Wenn du ein Kriegsgebiet verlässt, hört dieser Krieg deswegen nicht auf zu existieren. Du wirst ihn wahrscheinlich auch nicht loswerden können. Aber keiner zwingt dich, dort zu bleiben, und wenn du das Gebiet verlässt, verliert es an Bedeutung für dich, und andere, schönere Dinge werden wichtiger. Du magst einwenden, dass du deine Freunde, die noch im Kriegsgebiet sind, „im Stich lässt" und ihnen so nicht helfen kannst. Aber was für eine Hilfe bist du denn, wenn es dir selbst nicht gut geht? Wenn du jederzeit Gefahr läufst, erschossen zu werden? Deine Freunde können selbst ebenfalls entscheiden, das Gebiet zu verlassen. Nur weil sie beschlossen haben dort zu bleiben, bedeutet das nicht, dass du auch dort bleiben musst. Das war soeben eine Metapher, die sich auf viele Lebensbereiche bezieht.

Sanfter Aufstieg

Eine der einfachsten und raffiniertesten Methoden, deine Gedankenwelt und damit deine Gefühle und Realität zu verbessern, habe ich bereits in einem anderen Kapitel angeschnitten. Indem du Gedanken auswählst, die „leicht von der Hand gehen", die du ohnehin schon ein bisschen glaubst, hast du leichteres Spiel und springst nicht auf einen Zug auf, der „zu schnell fährt". Ich empfehle dir diese Methode in Zeiten, in denen es dir nicht besonders gut geht, oder mit Themen, bei denen es dir schwer fällt, dich zu verändern. Wenn es dir besser geht, kannst du mit den Methoden etwas weiter unten arbeiten.

1. Erstelle eine Liste negativer und positiver Gedanken, die du zu einem Thema hast.
2. Bewerte jeden der Gedanken mit N (negativ), PD (positiv, aber Druck erzeugend) und E (erleichternd).
3. Formuliere nun jeden der N- und PD-Gedanken so um, dass jeder Gedanke ein Gefühl der Erleichterung (E) erzeugt.

Wenn du dir nicht sicher bist, wie sich ein Gedanke wirklich anfühlt, dann verstärke diesen, indem du ihn verbalisierst oder noch ein paar Worte zur Übertreibung hinzufügst.

Die erleichternden Gedanken, die realistischen und glaubhaften, die dir „leicht von der Hand gehen", sind die, die dein Schwingungsniveau erhöhen. Lese sie, wiederhole sie, schaue sie an. Erst wenn du dich an diese gewöhnt hast, kannst du in Betracht ziehen, eine neue Liste zu machen und weiter aufzusteigen. Es geht nicht darum, deine Gedanken zu kontrollieren, zu maßregeln, Negatives zu unterdrücken oder „immer positiv zu denken", sondern darum, deine Aufmerksamkeit *sanft zu führen*.

Glaubenssatz-Umwandler

Der „Gedankenform-Umwandler" oder „Glaubenssatz-Umwandler" ist eines der stärksten Werkzeuge, die ich je kennen gelernt habe. Die Anwendung dieses Werkzeuges bewirkt mehr als ein Dutzend Bücher über „Selbst-Hilfe", „Erfolg", „Reichtum" oder „Gesundheit". Denn hier beleuchtest du direkt die Quelle deiner physikalischen Realität. Wo sonst ist die Lösung zu finden? Meine Empfehlung: Benutze diesen Umwandler häufig, benutze ihn mit Spaß und erweitere mit ihm dein Bewusstsein deiner Innenwelt, erweitere deine Fähigkeit, jedes erdenkliche Problem elegant und schnell bei seiner Ursache zu packen und authentisch aufzulösen, erweitere deine Fähigkeit, jeden erdenklichen Wunsch elegant und schnell umzusetzen. Du wirst sensationelle Resultate haben. Die verschiedenen Schritte für den Glaubenssatz-Umwandler:

Schritt 1: Was erlebst, fühlst oder tust du, das du nicht mehr erleben, fühlen oder tun möchtest?

_____

_____

Schritt 2: Jemand der das fühlt, erlebt oder tut: Was müsste diese Person bewusst oder unbewusst glauben? (Alternativfrage: Womit hätte sie Recht?)

_____

_____

Schritt 3: Schließe die Augen und betrachte diese Gedanken aufmerksam, ohne Kritik oder Verurteilung, und fühle ausgiebig, wie es sich anfühlt, so zu denken.

Schritt 4: Frage: Wie dient mir das? Wie könnte ich einen Nutzen aus dieser Sache ziehen? Welcher konkrete Vorteil ist in dieser Realität enthalten?

_____

_____

_____

_____

_____

Schritt 5: Was möchtest du selbstgewählt stattdessen glauben?

_____

_____

_____

_____

Schritt 6: Benutze deine Phantasie, um jeden dieser neuen Gedanken zu formen und fokussiere sie, bis du fühlst, wie es sich anfühlt, so zu denken.

Schritt 7: Was würde jemand tun, der das tatsächlich glaubt? Notiere ein paar typische Aktivitäten, die eine direkte Folge eines solchen Glaubens wären. Demonstriere diese, führe sie aus.

_____

_____

_____

Wiederhole diese Schritte, bis es dir leicht fällt, dich neu zu fühlen.

Führe bei Bedarf Wiederholungen dieser Schritte aus. In diesen Schritten hast du wirklich alles, was du brauchst, um konstruktive Wirklichkeits-erschaffungs-Arbeit zu leisten. Eigentlich würde ich am liebsten jedem Menschen auf diesem Planeten empfehlen, dies zu seiner Hauptübung zu machen. Denn der Glaubenssatz, die Überzeugung oder die Gedankenform ist die Ursache einer Erfahrung, nicht das Resultat einer Erfahrung, wie die Meisten noch denken. Verstehe noch einmal, dass du einen Glaubenssatz nicht im herkömmlichen Sinne „loshaben" kannst, da du alles-was-existiert immer und ewig enthältst. Du kannst lediglich deinen Widerstand dagegen aufgeben und deinen unbewussten Fokus darauf wechseln, wodurch der alte Glaubenssatz irrelevant wird, dich emotional nicht mehr beeinflusst, und deine Handlungen nicht mehr diktiert. Verstehe auch, dass du ein Gefühl in diesem Sinne nicht „loshaben" kannst. Das Gefühl ist nicht das Problem, sondern der Glaubensfilter, durch den dein Gefühl fließt und sich als „unangenehm" anfühlen lässt. Ohne Glaubensfilter ist das Gefühl nur Energie oder Freude. Verstehe ebenfalls, dass du es dir leisten kannst, so viele „negative" Glaubenssätze anzuschauen wie du möchtest, ohne dass sie sich deswegen „manifestieren". „Manifestieren" tun sich nur solche, mit denen du völlig identifiziert bist, so stark, dass du sie dauerhaft und meist unbewusst fühlst, nicht solche, die du beobachtest. Und vor allem manifestieren sich die Glaubenssätze, auf die du Handlungs-Reaktionen begehst. Präzise könnte man es so ausdrücken: „Die unbewusste Handlungs-Reaktion auf einen Glaubenssatz erschafft Realität". Bloße Gedanken bräuchten schon eine Weile, bevor sie sich manifestieren. Du kannst dir also ohne weiteres erlauben, diese ein wenig anzuschauen.

Gedankenform-Verwandler: Extra Tools

So wie es zu jeder Software „Extra Werkzeuge" gibt, so kannst du den Standard Belief-Transformer gerne und jederzeit durch eine oder mehrere der folgenden Hilfen ergänzen. Im Allgemeinen förderlich für die Bewusstseins-arbeit auf diese Weise sind: Entspannung, Akzeptanz, Verletzlichkeit und Humor. Im Allgemeinen hinderlich für die Bewusstseinsarbeit auf diese Weise sind: Ernst, rigide Haltungen, Stress, Ablenkung.

Atmung

Beispiele: „In die Gedankenform hineinatmen", „als Gedankenform atmen", „das Gefühl durchatmen". Das lässt dich eine bessere Schwingungsanglei-chung mit dem Glaubenssatz erreichen, die sowohl bei unerwünschten wie auch bei erwünschten Gedankenformen nötig ist. Eine weitere Variante, die ich gerne benutzte, lautet so: „Gedankenform einatmen – Atem anhalten,

Fokus anhalten – beim Ausatmen loslassen". Eine weitere Praktik, die ich manchmal während dieser Art von Arbeit benutze: „Aufmerksamkeit auf den Kopf: Einatmen – Aufmerksamkeit auf die Fußsohlen: Ausatmen". Atmung ist eine natürliche Energiequelle und als solche für jede Art von Veränderungsarbeit nützlich.

Berührung

Beispiele: Handauflegen in der Herzgegend, Hand auf die Stirn, Hand auf den Hinterkopf, Streicheln der emotional schmerzenden Stelle. Berührung ist eine natürliche Energiequelle, die in fast jeder Heiltradition benutzt wird. Du kannst durch deine Hände Energie spenden.

Ton

Beispiele: In eine unangenehme Körperempfindung „hineinsummen". Eine unerwünschte Gedankenform verbalisieren. Die erwünschte Gedankenform aussprechen. Während der Prozedur Musik auflegen, die dich inspiriert. Töne und Klänge sind ebenfalls natürliche Energiequellen, die dir bei jeder Art von Veränderungsarbeit helfen können.

Dialog

In schwierigen Fällen halte ich mit den Glaubenssätzen Dialog. Beispiele:
„Ist es vielleicht an der Zeit, meine Aufmerksamkeit zurückzunehmen?"
„Kann ich davon loslassen?"
„Will ich davon loslassen?"
„Wann werde ich davon loslassen?"
„Woher kommt das?"
„Inwiefern ist das nützlich? Wie dient mir das festhalten daran?"
„Gibt es noch etwas Unbekanntes, das damit zusammenhängt?"
Die Fähigkeit, Fragen zu stellen, ist eine natürliche Lösungsquelle, die für jede Art von Veränderungsarbeit vorteilhaft sein kann.

Die Basis-Tools sind also: Aufmerksamkeit, Fühlen, Phantasie und Handlung. Die Extra-Tools sind: Atmung, Berührung, Ton und Dialog.

Scheinbare Probleme

Um einen neuen Glaubenssatz zu formen und zu aktivieren, braucht es also diese drei Elemente:
1. Sehe die Realität klar und deutlich (mental).
2. Fühle die Realität und fühle Enthusiasmus über deren Erfüllung (emotional).

3. Sei die Realität und demonstriere dein neues Sein durch Handlungen (real).

Der neue Glaubenssatz beginnt, in Interaktion mit anderen und in materielle Realität zu treten, der Glaubenssatz beginnt, sich zu bestätigen. Es gibt jedoch ein paar scheinbare Hindernisse, die im Verlauf dieser Entwicklung auftauchen können. Diese möchte ich hier vorwegnehmen:

Die Feedback-Schleife

Das, was du momentan als echt erlebst, ist ein Feedback dessen, was du bisher geglaubt hast. Je unbewusster wir sind, desto weniger nehmen wir es als Feedback sondern als „die Realität" wahr. Wenn ein Mensch beschließt „Ab jetzt bin ich so und so" („Ich bin erfolgreich") und das empfinden kann, sendet er diese neue Schwingung hinaus und IST das auch in diesem Moment zu 100 % und auf der ganzen Zeitlinie. Wenn ihm nun seine Umgebung „Gegenbeweise" für diese neue Entscheidung zurückschickt, dann ist dies lediglich ein *Echo* alter Entscheidungen. Wer noch unerfahren in diesem Bereich ist, fällt, sobald er den scheinbaren Gegenbeweis wahrnimmt, leicht in den alten Modus zurück („Nun, ok., vielleicht bin ich doch nicht so erfolgreich"). Das scheinbare Problem ist, dass er in diesem Moment aufhört, in seiner neuen Schwingung zu bleiben, und wieder zur alten wechselt. Deshalb ist es wichtig, trotz gelegentlicher „Gegenbeweise" im neuen Glaubenssatz zu bleiben und die Gegenbeweise als vorher kreierte Realität, als Feedback zu verstehen. Ist die Kreationsfähigkeit schwach ausgebildet, passiert Folgendes: Du triffst eine Entscheidung, wählst einen neuen Glaubenssatz und benutzt dann den erstbesten Gegenbeweis als *Grund zur Entmutigung*.

Als bewusster Schöpfer, als Zauberer, gehst du jedoch folgendermaßen vor:

Du BENUTZT die Gegenbeweise und Hindernisse als ERINNERUNG/WIEDERBESTÄTIGUNG deines neuen Glaubenssatzes.

„Ach, sieh mal einer an. Ich habe entschieden „Ich bin erfolgreich", und nun zeigt mir das Leben etwas, das dem zu widersprechen scheint. Danke, dass du mich daran erinnerst, wer ich bin!" Man benutzt also den Gegenbeweis, um die neue Realität zu bekräftigen. Man wertschätzt den Gegenbeweis und schaltet dann wieder zur neuen Entscheidung. Das ist eine Uminterpretation der Ereignisse aus der Sicht deiner neuen Realitätsbrille. Anders ausgedrückt: Wie würdest du denn auf scheinbare Schwierigkeiten oder Hindernisse reagieren, wenn du tatsächlich im Vertrauen und Glauben an deine neue Entscheidung wärst? Wenn du immer auf die gleiche Weise reagierst, wird immer das gleiche passieren. Über Umstände hast du nicht immer die Kontrolle, aber über deine Reaktion schon. **Ein Problem ist am besten dann zu**

lösen, während es auftritt (anstatt davor oder danach). Tritt ein Gegenbeweis oder ein Hindernis auf, ist das die allerbeste Gelegenheit, ein „Time-Out" auszurufen und deine Reaktion darauf zu verändern. Das wird alle nachfolgenden ähnlichen Ereignisse verändern. Wenn du in dieser Kunst gut wirst, tauchen bald überhaupt keine Gegenbeweise mehr auf, sondern nur noch Bestätigungen deiner neuen Realität.

Die Zukunfts-Projektion

Die erwünschte Realität kannst du empfangen, wenn du dich entspannst und diese im Heute fühlen kannst. Die gewohnheitsmäßige Projektion von Wünschen auf die Zukunft verzögert das Resultat nur unnötig. Der herkömmliche Weg der Zielerreichung besteht darin, dass du Schritte zum Ziel notierst und dich erst, wenn du es erreicht hast, entsprechend fühlst. Die Realität manifestiert sich meiner Meinung nach jedoch nicht wegen der Schritte, sondern wegen deiner Entscheidung, deinem Glauben, dass diese Schritte zur Verwirklichung führen. Das kann man durchaus so machen, aber es ist aufwendiger und braucht mehr Zeit. Der kurze Weg besteht darin, einfach JETZT zu entscheiden, dass du so und so sein kannst, dich so und so fühlen kannst. Wenn du ein Ziel hast, frage „Warum? Warum möchte ich das?" Die Antwort wird meistens darauf hinauslaufen dass du einen bestimmten Zustand, ein bestimmtes Gefühl haben möchtest. Und dieses Gefühl kannst du ins Hier und Jetzt holen.

„Handeln zum Ziel"/„Handeln Als-ob-Ziel-erreicht"

Bei diesem kürzeren Weg verrichtest du mehr Handlungen-als-ob das Ziel bereits erreicht ist, anstatt „Handlungen zum Ziel". „Handlungen zum Ziel" sind immer noch besser als überhaupt keine Handlungen, und viele müssen erst noch diese Stufe meistern. Aber die nächsthöhere ist die Handlung aus einem Sein heraus, dass das Erwünschte bereits erfüllt ist oder auf dem besten Weg, sich zu erfüllen. Das ist die *von Glauben inspirierte Handlung*. Damit demonstrierst du dein SEIN, und durch dieses SEIN gleicht sich das Universum deiner Frequenz an. Du demonstrierst durch dein Tun ein SEIN anstatt „zu tun, um zu sein". Du physikalisierst einen Glaubenssatz, kommst dem Realen so nah wie möglich.

Umstände kontrollieren

Wenn du versuchst, die Umstände oder andere Menschen zu lenken und zu kontrollieren (anstatt sie so anzunehmen, wie sie sind), dann implizierst du, dass diese die Ursache deiner Realität, die Ursache deines Fühlens sind. Realität ist jedoch etwas, das von dir aus nach außen ausgestrahlt wird. Wenn sich das ändern soll, musst du dich selbst ändern.

5. Skala der Bewusstseinszustände

Im Rahmen meiner Coaching-Arbeit und der Erforschung von geistigen und emotionalen Zuständen habe ich eine Skala verschiedener Energie-Ebenen von ganz unten nach ganz oben erstellt. Je weiter unten auf der Skala, desto weniger Energie steht der betreffenden Person zur Verfügung, desto verzerrter die Wahrnehmung, desto geringer die Fähigkeit zur selbstbestimmten Lebens-erschaffung. Je höher auf der Skala, desto klarer die Wahrnehmung, desto mehr innere Ressourcen stehen der Person zur Verfügung. Die emotionale Schwingung, die du ausstrahlst, ist die Realität, die du bekommen wirst. Folglich ist eine Pflege und graduelle Verbesserung deines Zustandes das essentiellste, was du überhaupt tun kannst. Bleibe dir jedoch bewusst, dass die meisten Menschen mit einer schrittweisen Verbesserung besser umgehen können. Es steigt sich leichter von Treppenstufe 1 auf 2 als von 1 auf 8. Skalen wie diese wurden schon von vielen Forschern erstellt, aber meine Version für dieses Buch sieht wie folgt aus:

Sehr hohe Seinszustände

17 Reines Sein
16 Gelassenheit, Friede, Leichtigkeit, Humor, Freude
15 Liebe, Intuition, Wertschätzung
14 Macht, Initiative, Ursächlichkeit.
13 Kreativität, Schönheitsliebe, Phantasie
12 Enthusiasmus, Begeisterung

Mittlere Seinszustände

11 Intelligenz, Wissen
10 Neutralität, Akzeptanz, Entspannung, Interesse, Aufmerksamkeit
9 Mut, Bereitwilligkeit, Aktionsfreude
8 Konservativität, Ordnung, Langeweile
7 Stolz, Antagonismus, Kritik

Untere Seinszustände

6 Wut, Dominanz, Aggression, Kälte
5 Begierde, Bedürftigkeit, Zwanghaftigkeit
4 Angst, Furcht, Sorge, Schüchternheit
3 Traurigkeit, Kummer, Selbstmitleid
2 Depression, Apathie, Resignation
1 Schuld, Scham.

Diese Skala ist ein spekulatives *Denksystem*, das es dir erlauben wird, das Leben und das menschliche Verhalten aus einer neuen Perspektive zu erforschen und überraschend präzise Vorhersagen über Verhaltensweisen zu treffen. Sie wird dir außerdem dabei helfen, dein eigenes Befinden und das anderer zum Positiven zu verändern. Obwohl die Skala so aussieht, als gründe sie auf eine dualistische, lineare oder gar elitäre Sichtweise, ist sie nicht so zu verstehen. Stattdessen dient sie lediglich als Orientierungsmodell und keinesfalls als „absolute Wahrheit". Sie dient auch nicht dem Zweck, Mitmenschen schlecht aussehen zu lassen oder als „Niedrige Schwingungsmenschen" abzuwerten, sondern sie in Respekt und Achtung ihres Menschseins zu unterstützen. Untersuche die Skala bitte selbst, bevor du mit dem Lesen fortfährst. Möglicherweise gewinnst du aus ihr deine eigenen Erkenntnisse, bevor ich dir meine mitteile.

Wirkungsprinzipien und Benutzung der Bewusstseinsskala

1. Das Meiste, was wir im Leben tun, zielt darauf ab, den Seinszustand (das mentale, körperliche oder emotionale Befinden) zu verändern. Unsere Ziele, Wünsche und Handlungen gehen in Richtung „besser fühlen" und weg von „schlecht fühlen".

2. Im Verlauf der Bewusstseinserweiterung, der Evolution unserer Persönlichkeit, des spirituellen Wachstums, eines Heilungsprozesses (z. B. im Rahmen von Coachings, hoch entwickelten Therapieformen, meditativer Arbeit, Erfolgserlebnissen und begünstigenden Umständen) zeigt die Skala die allgemeine Reihenfolge der mentalen und emotionalen Zustände, die jemand erfahrungsgemäß und beobachtbar von unten nach oben durchläuft. Als Randnotiz sei zu relativieren, dass es natürlich Ausnahmen wie das „Überspringen" von Zuständen, nur vorübergehende Veränderungen, Rückfälle und andere Variationen außerhalb des linearen Weges nach oben gibt.

3. Jeder Bewusstseinszustand erfährt eine andere gefühlte „Wahrheit", Wahrnehmung von Realität, Lebensresultate und Erlebnisintensitäten. Aus welcher Warte du das Leben betrachtest bestimmt, was du wahrnimmst. Diese gefühlte „Schwingung" wirkt sich auf dein Denken, Tun, Sprechen und letztlich auf deine Umgebung und welche Umstände du in dein Leben ziehst aus.

4. Jeder von uns hat ein „allgemeines Lebensgefühl", das ich im Rahmen dieser Skala als *„Grundschwingung"* bezeichne. Das ist der Zustand, in dem wir uns wissentlich oder unwissentlich die meiste Zeit oder regelmäßig empfinden. Meiner persönlichen Ansicht nach haben wir von dieser „Mitte" aus, einen durchschnittlichen „Tiefstzustand" und einen durch-

schnittlichen „Höchstzustand". Liegt deine „Grundschwingung" beispielsweise bei 7,5 (Monotonie), liegt der Höchstzustand, den du unter gewöhnlichen Umständen imstande bist zu erreichen, bei etwa 12 (Begeisterung). Dein Niedrigstzustand, den du unter gewöhnlichen Umständen erreichst, liegt bei etwa 3 (Traurigkeit, Selbstmitleid). Liegt deine Grundschwingung bei 1 (Scham), wird es äußerst schwierig sein, Zustände über 10 (Interesse, Aufmerksamkeit) zu erfahren, aber sehr viel einfacher sein, zu benachbarten Zuständen wie 2 (Apathie) oder 3 (Trauer) aufzusteigen. Liegt deine gewohnheitsmäßige Grundschwingung beispielsweise bei 16 (Friede), wird es äußerst selten vorkommen, dass du unter 9 fällst.

5. Die „Grundschwingung" setzt sich aus folgenden Komponenten zusammen: aus bisherigen oder „vergangenen" Erfahrungen (eingefrorene Gedanken und Gefühle), den eigenen Glaubenssätzen und Einstellungen, dem Fokus deiner gegenwärtigen Aufmerksamkeit, deinen offenen und verborgenen *Absichten* und dem, was du sagst und tust. Zwar einen nicht so starken, aber ebenfalls vorhandenen, Einfluss haben dein alltäglicher Umgang und deine Umgebung (Umwelteinflüsse), dein Essen und Trinken und dein Umgang mit dem Körper.

6. Meiner persönlichen Ansicht nach trägt jeder von uns von mir so genannte „sozialverträgliche Maskenidentitäten", der eine mehr, der andere weniger. Eine solche „Maske" oder „Identität" ist der Bewusstseinszustand, den wir für verschiedene Anlässe *vorgeben* oder schauspielern zu sein. Masken und Rollen benutzen wir, um gut da zustehen oder uns dem Bewusstseinsniveau einer Gruppe oder Situation anzupassen. Stecken wir z. B. chronisch auf der Grundschwingung 3 (Traurigkeit, Selbstmitleid) fest, würden wir diese zu einem gesellschaftlichen Anlass wahrscheinlich nicht ausdrücken, sondern z. B. 16 (Gelassenheit) vorspielen. Das tragen von „Maskenidentitäten" oder der Versuch, einen Zustand aufrechtzuerhalten, den wir im Inneren nicht wirklich haben, kostet viel Energie. Ist die Energie erschöpft, werden sich entweder körperliche Beschwerden bemerkbar machen, oder das Schauspiel nicht mehr überzeugend wirken. Der Unterschied zwischen einer tatsächlich hohen Grundschwingung oder einer vorübergehend hohen Schwingung und der geschauspielerten Schwingung, ist der Grad an Überzeugung und *Mühelosigkeit*, mit der man diese ausstrahlt.

7. Jeder von uns durchläuft im Laufe eines Lebens oder sogar eines einzigen Tages *jeden der Zustände mehrmals*. Das „Problem", wenn man so will, *besteht nicht im Zustand selbst* oder im Empfinden bestimmter Zustände, sondern im „chronischen Feststecken" in einem Seinszustand *über länge-*

re Zeit. Dies sage ich um vorzubeugen, dass jemand meint, untere Zustände wären „schlecht" oder „verurteilungswürdig".

8. Eine andere Version der Skala führt weiter nach unten (in Bereiche mit Namen wie „Neurose" und „Psychose") und auch weiter nach oben (spirituelle Bereiche). Die hier wiedergegebene Kurzfassung spiegelt die auf diesem Planeten am häufigsten auftretenden Bewusstseinszustände wider, und wird deshalb hier priorisiert. Für jeden Zustand habe ich repräsentativ ein paar Bezeichnungen gewählt, obwohl durchaus mehrere Emotionen und Zustände in diesem Bereich synonym oder ergänzend aufgelistet werden könnten.

9. Ein emotionaler oder mentaler Zustand, der länger unterdrückt wird (Widerstand), führt auf der Skala zu den nächsten Zuständen nach unten. Ein emotionaler oder mentaler Zustand, der bereitwillig erlebt und akzeptiert wird (*Wert*schätzung), führt auf der Skala zu den nächsten Zuständen nach oben. Beispiele: Wird aufsteigende Wut (6) mehrmals unterdrückt, nicht erlaubt, wird daraus Gefühlskälte (5,5) und schließlich Zwanghaftigkeit (5). Wird Aktionsfreude (9) und Interesse (10) vollkommen zugelassen und erlebt, kann daraus Begeisterung (12) werden. Das bereitwillige Erleben einer Emotion befreit von der Emotion. Das Unterdrücken einer Emotion verstärkt und bindet die Emotion. Daher ist bereits das Bewerten eines Zustandes als „schlecht" oder „unerwünscht", wie diese Skala anzudeuten *scheint*, nicht hilfreich. Ein Gefühl unverblümt und ohne Beschönigung zuzulassen, kann jedoch unmittelbar von diesem Zustand befreien.

10. Eine andere Methode, im Laufe eines Lebens auf der Skala zu steigen, ist es, einen Zustand 1–3 Stufen über der gegenwärtigen anzuvisieren. Befindet sich jemand beispielsweise bei 4 (Angst), kann er sich mit 6 (Wut, Zorn) aus seinem Zustand erheben. Befindet sich jemand bei 8 (konservativ), kann er durch 9 (Mut) oder 10 (Interesse) in der Skala steigen. Befindet sich jemand im Zustand 11 (Wissen), ist die nächste Herausforderung 12–15 (Enthusiasmus, Kreativität, Liebe), mit der er steigen kann. Möchtest du jemand anderem aus seinem Zustand erheben, funktioniert es nicht, eine zu hohe Schwingungsebene einzunehmen. Hilfst du jemandem, die Treppe zu klettern, holst du ihn da ab, wo er ist, oder gehst ein bis drei Stufen höher, nicht zehn. Jemand auf 2 (Apathie) wird auf deinen Versuch ihn zu begeistern (12), gar nicht oder nicht auf die erwünschte Weise reagieren. Bringst du ihn stattdessen dazu, seine Traurigkeit zu spüren, und vielleicht ein paar Tränen zu vergießen, hast du ihn bereits auf 3 (Traurigkeit) in der Skala *erhöht*. Es braucht jemand sehr Wachsamen, um zu erkennen, dass ein Wutanfall oder Weinanfall manchmal kein Sinken des

Zustandes sondern eine vergleichsweise Erhöhung des Zustandes einer Person darstellt!!!

11. Wenn diese Skala auf zwei Hauptzustände reduziert wäre, blieben „Angst" und „Liebe" übrig. Alle anderen Zustände sind Modifikationen und Variationen dieser zwei. Alle Bereiche unter 8 gründen auf Angst, ziehen Lebensenergie, führen nach unten zum Verfall und zum Tod hin. Alle Bereiche über 8 gründen auf Liebe, geben Lebensenergie, führen nach oben zum Leben hin. 8 ist in diesem Sinne die „Mitte" der Skala.

12. Je höher jemand auf der Skala „schwingt", desto fähiger und bewusster ist er. Zustände 0–6 nenne ich die „unteren Bereiche", die typische Merkmale aufweisen: Hier ist das Individuum häufig reaktiv statt initiativ, Opfer der Umstände statt Ursache der Umstände, fremdbestimmt statt selbstbestimmt. Zustände 7–11 nenne ich die „mittleren Bereiche", die eine Mischung aus den Grundschwingungen „Angst und Liebe" sind. Hier ist die betreffende Person mal aktiv, mal reaktiv, mal selbstbestimmt, mal fremdbestimmt, mal Ursache der Umstände, mal Spielball der Umstände. 12–16 sind die „oberen Bereiche", bei denen das Individuum überwiegend erfolgreich, glücklich und bewusst lebt. Zustände über 16 sind die „spirituellen Bereiche" und befinden sich jenseits dualer oder linearer Weltsicht.

13. Der gewohnheitsmäßige Seinszustand, die „Grundschwingung", die du ausstrahlst, beeinflusst das, was du als Realität erlebst, welche Menschen, Erfahrungen, Herausforderungen, Situationen du in dein Leben ziehst. Meiner Meinung nach lassen sogar das Einkommen, die Wahl des Partners, der Zustand deines persönlichen Besitzes, deine Hobbys und Interessen Rückschlüsse darüber zu, in welchem Zustand du dich überwiegend befindest.

14. Nur weil du „untere Bereiche" erlebst, bedeutet das nicht, dass das deine „Grundschwingung" ist. Je höher deine „Grundschwingung", desto schneller kommst du aus den unteren Stufen heraus. Je tiefer deine „Grundschwingung", desto länger verweilst du darin, desto mehr Mühe und Wiederholung braucht der Weg nach oben. Der Grundzustand sagt meiner Meinung nach auch nichts darüber aus, was für ein Mensch du bist. Es gibt etliche Künstler, „starke Seelen" und interessante Persönlichkeiten, die sich überwiegend in niedrigen Schwingungszuständen befinden.

15. Außer der Grundschwingung und der „Tagesform" scheint jeder von uns Persönlichkeits- oder Wesensanteile zu haben, die sich auf verschiedenen Stufen befinden. Die auf unteren Stufen „eingefrorenen Anteile" zu befreien ist eine der Aufgaben psychospiritueller Bewusstseinsarbeit. Hilf-

reich für diese Aufgabe sind die Persönlichkeitsanteile, die sich bereits in höheren Regionen befinden, und die wir für diese Arbeit als Ressource heranziehen können.

16. Auf einer Ebene über 15 ist keine Bewusstseinsarbeit erforderlich. Der Prozess der Bewusstseins- und Persönlichkeitsentfaltung folgt von ganz allein seiner natürlichen Evolution. Zwischen 14 und 8 ist Arbeit im Bereich Spiritualität, Mentaltraining, bewusst Leben und dgl. hilfreich. Zwischen 8 und 3 ist therapeutische Arbeit, Studium des Selbst und des Lebens und liebevolle Zuwendung hilfreich. Zwischen 2 und 0 ist ärztliche, medizinische und sozialpädagogische Betreuung hilfreich. Unter 0 ist die Polizei hilfreich.

17. Ein interessanter Prozess im Umgang mit der Bewusstseinsskala besteht darin, im Rahmen einer Meditation jeden Gefühlszustand von unten nach oben zu durchlaufen.

18. Ein weiterer interessanter Prozess, um über die Skala etwas zu lernen, besteht darin, die einzelnen Zustände zu *modellieren*. Dabei ahmt man Gedanken, Aussagen, Mimiken, Gestiken, Körperhaltungen, Bewegungen, Einstellungen jeder einzelnen Stufe nach.

Merkmale der Bewusstseinsebenen

Dieser Abschnitt bietet eine Kurzbeschreibung der Zustände als Einführung und zur späteren Schnellreferenz. Anhand der typischen Erkennungsmerkmale jeden Zustandes wirst du die Stufen sehr schnell bei dir selbst und anderen wieder erkennen. Während des Lesens erkennst du dich selbst möglicherweise in *jedem* der Zustände wieder. Das liegt meiner Meinung nach daran, dass *jeder von uns* Persönlichkeitsanteile in jeder der Stufen, also von ganz unten bis ganz oben, hat. Deine „Grundschwingung" ermittelst du jedoch, indem du das betrachtest, was übrig bleibt, wenn alle Ablenkungen und Aktivitäten fern sind, oder du das betrachtest, was du jetzt wirklich fühlst oder in den letzten Jahren hauptsächlich gefühlt hast. Da dieses Buch einen Themenstil für Bewusstseinsstufen zwischen 7 und 15 hat, also mit diesen Schwingungen in Resonanz steht, ist es sehr wahrscheinlich, dass du dich durchschnittlich irgendwo in jenem Bereich findest. Die nachfolgenden Beschreibungen sind etwas überspitzt dargestellt, um dir zu helfen, die Zustände richtig wahrzunehmen, wenn sie bei dir oder anderen auftauchen.

1 Scham, Erniedrigung, Verleugnung

In diesem Low-Energy-Zustand bringt man außerordentlich wenig zu Stande. Gedankengänge: Ich möchte mich verstecken, ich habe Angst, dass Geheimnisse aufgedeckt werden, ich möchte nicht gesehen werden, ich habe Angst, dass jemand etwas über mich herausfindet. Die Welt ist irreal, diffus, vernebelt, undurchschaubar. Ich stelle mich dumm oder tot, um anderen auszuweichen und überall lauernde Gefahren zu vermeiden. Ich habe etwas getan, für das ich mir nicht vergeben kann. Ich unterdrücke Erinnerungen und Ereignisse in derart tiefe Schichten meines Unterbewusstseins, dass ich kaum weiß, dass ich nichts darüber weiß. Wenn ich meinen Ist-Zustand noch mehr verleugne, öffne ich mich vielleicht für noch tiefere Bereiche von Psychose, Kriminalität oder anderen alptraumhaften Szenarien.

Heilungswege: Geständnis, Beichte, Enthüllung von Geheimnissen, Wiedergutmachung, Kontakt zu eigenen Emotionen, Kontakt zu Mitmenschen.

1.5 Schuld, Schuldbewusstsein, Schuldzuweisung, Schuldgefühle, Schuldigkeit

Ich fühle mich schuldig und beschuldige andere. Meine Realität dreht sich um Verachtung, Rache, Bestrafung, Beschuldigung, Selbsterniedrigung, Erniedrigung. Wenn ich zu lange und zu intensiv auf dieser Bewusstseinsebene verweile, werde ich zu einem Fall für Polizei und Justiz.

Heilungswege: Sicherheit und Stabilität. Vergebung von Selbst und anderen.

2 Apathie, Hoffnungslosigkeit, Depression, Resignation

In diesem Zustand habe ich kein Interesse, keinen Antrieb, keine Verantwortung, keine Perspektive, keine Ziele, keine Liebe, keine Gefühle, keine Reaktion. Abgestumpftheit. Sinnlosigkeit. Hoffnungslosigkeit. Trägheit und Schwere. Diese Person hat bereits aufgegeben und abgedankt. Sie ist fast nicht depressiv, sondern fast schon unter dem Zustand der Depression. Kaum aktionsfähig. Redet kaum, hört kaum zu. Kleidung, Zustand der Möbel, des Autos, der Wohnung sind stark vernachlässigt. Negative Gleichgültigkeit. „Ich kann nicht, es geht nicht, ist doch alles scheißegal". Manchmal werden „Zufriedenheit" oder „Gleichmut" vorgetäuscht. Gleichmut ist jedoch friedlich, während das Desinteresse eines 2ers eher negativ ist. Therapie oder Hilfe erweist sich als sehr schwer. Berührungen und Kontakt zur Außenwelt helfen. Verbindung mit Traurigkeit (die nächst höhere Ebene) wäre hilfreich. Jemand, der zulange auf dieser Schwingungsebene verweilt, wird sich bald im Obdachlosen- oder Drogenmilieu befinden. (Drogen erhöhen die Bewusstseinsebene vorübergehend („endlich Erleichterung!", mit einem nachfolgenden Bumerang-Effekt auf eine noch niedrigere Stufe).

Heilungswege: Wünsche und Ziele definieren, Aufarbeitung unterdrückter Traurigkeit, Berührung, Kontakt zur Natur. Konfrontation mit „dem-was-ist" und der damit einhergehenden Angst.

3 Traurigkeit, Selbstmitleid, Kummer, Verzweiflung, Depression, Mitleid

Selbstmitleid. Lustlosigkeit, Antriebslosigkeit, Schwere, Trauer. Unterwürfigkeit. Bedürftigkeit. Spricht in einem traurigen oder pessimistischen Tonfall. Braucht länger, bevor er Fragen beantwortet. Lügt und „macht Szenen", um Mitleid zu erheischen. Leicht von äußeren Einflüssen überwältigt. Oft krank. Sieht wenig Hoffnung. Bricht sehr leicht in Tränen aus. Weint verstorbenen auch noch 5 Jahre nach dem Vorfall hinterher. Selbstzweifel. „Warum passieren mir immer solche Sachen?" Interpretiert oder verdreht manchmal neutrale oder positive Aussagen als negativ. Starke Tendenz zur Beschäftigung mit der Vergangenheit. Manchmal eine Tendenz zur Unterwürfigkeit gegenüber anderen.

Heilungswege: Loslassen, Konfrontation mit Ängsten, neue Umgebungen, braucht Aufmerksamkeit und Zuwendung.

4 Angst, Furcht, Sorge, Schüchternheit, Ängstlichkeit, Panik

Alles ist gefährlich. Ängstlichkeit, Nervosität, Angespanntheit, permanente Skepsis, übertriebene Vorsorge, Unsicherheit. Da er Angst davor hat, seine Verachtung offen zu zeigen, lästert er gerne hinter dem Rücken anderer. In vielen Fällen unfähig, kompetent und konzentriert zu arbeiten. Zerstreute Aufmerksamkeit. Aufmerksamkeit hüpft umher wie ein Gummiball. Flucht. Kann sich kaum entspannen. Übertrieben auf Sicherheit und Schutz bedacht. Vermeidet Neues oder Ungewohntes.

Heilungswege: Entspannung, Regeneration, Bewegung, Konfrontation unterdrückter Wut, Konzentration, Stabilität, Ordnung, Kontakt mit innerem Zorn (Zustand 6, Zorn, kann eine Person unmittelbar aus der Angst hinauskatapultieren).

5 Bedürftigkeit, Begierde, Sucht, Verlangen, Zwanghaftigkeit

Unerfülltes Verlangen, Begehren, Brauchen. Versklavt von der eigenen Bedürftigkeit. Aufmerksamkeit wird von Beschäftigungen aufgesaugt, die weder wichtig noch dringend sind. Manchmal völlig gefühlskalt, eingefroren und selbstsüchtig. Marionette der eigenen Triebe.

Heilungswege: Fühlen, Erfüllung im Inneren finden, Aktion, Planung, fixierte Aufmerksamkeit lösen, Konfrontation mit verletztem Stolz und unterdrückter Langeweile.

6 Wut, Dominanz, Aggression, Gewalt, Zorn, Kälte

Rage, Zorn, Gefühlsausbrüche, Aggression. Beherrscht durch Wut Menschen in Zuständen unter ihm. Ist zwar handlungsfähiger als diese, aber oft auf destruktive Weise. Spricht häufig über Zerstörung, Hass und Tod. „Ich habe Recht, andere haben Unrecht". Nimmt schlechte Nachrichten sehr ernst, filtert gute Nachrichten aus. Möchte dominieren. Benutzt gerne Strafandrohungen. Kann körperlich aggressiv sein.

Heilungswege: Eine neutrale Haltung ihm gegenüber ausdrücken, Mitgefühl, Selbstreflexion, Feedback, Verantwortung. Seine Schuldzuweisungen und Rachegedanken zugeben.

7 Antagonismus, Rechthaben-Müssen, Dagegen-Sein, Anti-Haltung

Verbale Gewalt. Rechthaberei. Dauerndes Schlechtmachen anderer. Beschwert sich über alles Mögliche. Macht die Realitäten und Standpunkte anderer, vor allem höherer Ebenen, schlecht. Verteidigt eigene Realität. Dauernder verbal ausgedrückter Zweifel. Kritisiert. Während untere Ebenen sich selbst schlecht machen, macht diese Ebene andere schlecht. Während untere Ebenen zuviel Angst haben, negativ über andere sprechen, drückt diese Ebene ihre Unzufriedenheit zumindest aus. Während der 6er auch körperlich aggressiv werden kann, belässt es diese Ebene zumindest bei der verbalen Entgleisung.

Heilungswege: Der Person Recht geben, Anerkennung, Verweis auf Erfolge, leichte Unterhaltung (Smalltalk), Arbeit im Team, Ziele definieren, Kritik erlauben. Zugeben, dass er sich überfordert fühlt und Urlaub oder Entspannung braucht.

7.5 Stolz, Arroganz

So wie alle anderen Ebenen unter 9 liegt der Hauptfokus auf der Vergangenheit. Schaut auf andere Menschen herab. Ist stolz darauf, sich über die Ebenen unter 7 erhoben zu haben. Extrem konservativ. Patriotisch. Verschlossen. Stolz auf die Erfolge vergangener Tage. Hält an Dingen fest. Für Intrigen offen. Macho-Gehabe.

Wege nach oben: Interesse an anderen Themen und Menschen wecken. Anerkennung geben. Pessimismus zugeben. Hoffnung hervorholen.

8 Langeweile, Monotonie, Zufriedenheit

Genau genommen ist die „untere Version" Monotonie bei unterschwelliger Unzufriedenheit, und die etwas „höhere Version" Langeweile bei unterschwelliger Zufriedenheit. Gleichgültig. Auf der Suche nach Unterhaltung.

Verbringt viel Zeit mit Fernsehen. Zu Aktion fähig, aber selten zielgerichtet. Zu Interesse fähig, aber selten beständig. Faul. Erlaubt andere Standpunkte. Wirkt gelassen. Führt „normales Leben". Führt Smalltalk und leichte Unterhaltungen, die nirgendwo hinführen. Weder ablehnend noch zustimmend. Sinn für Humor vorhanden. Braucht keine Unterstützung von anderen. Kleidung und persönlicher Besitz ist etwas vernachlässigt. Der Unterschied zum Zustand der Apathie (2) ist eine relative Zufriedenheit. In seiner Gegenwart fühlt man sich einigermaßen wohl. Lebenshaltung: „Alles ist ok.".

Weg nach oben: Sich für ein Ziel entscheiden und dabei bleiben. Disziplin, Mut. Optimismus hervorholen.

8.5 Konservativität, Ordnung, Skepsis, Stabilität

Führt „ordentliches Leben". Finanzielles Einkommen meist gut. Autoritätshörig. Wissenschaftsgläubig. Legt Wert auf Familie, gute Kleidung, Sauberkeit, Beschaulichkeit. Aus der Sicht höherer Ebenen relativ langweilig, aus der Sicht unterer Ebenen sehr stabil. Ist zur Aktion fähig. Begrenzte Fähigkeit zur Phantasie. Erkennt die Existenz anderer Realitäten als seiner eigenen an, bleibt jedoch Skeptisch oder braucht „Beweise". Ändert sich nur sehr langsam. Öffnet sich nur sehr langsam neuen Ideen. Bekommt Unterstützung durch „intellektuelle Vernunft" und „Verbindungen" oder „Kontakte". Seine größte Herausforderung ist die nächst höhere Ebene: „Mut".

Wege nach oben: Mut, Neues versuchen, Wiederentdeckung von Enthusiasmus und positiven Erwartungen.

9 Mut

In diesem Energiezustand erfährt die betreffende Person eine relativ positive Lebenseinstellung. Erprobt seinen Mut im Sport, beim anderen Geschlecht, im Beruf. Ist stets im Begriff „auszubrechen". Sehnt sich nach der Freiheit höherer Zustände. Möchte den unteren Zuständen entkommen. Offen für Neues. Dieser Bewusstseinszustand ist oft das Zwischenstadium eines Konservativen, dessen Bewusstsein sich gerade erweitert.

Wege nach oben: Entspannung, Lernen, Training, neue Fähigkeiten entwickeln, Glauben entwickeln.

9.5 Bereitwilligkeit, Aktionsfreude, Aktiv, Optimismus

Starkes Interesse an sich selbst, anderen Menschen und der Welt. Extrovertiert. Aufgeschlossen. „Auf geht´s!"-Einstellung. Kann sich gut konzentrieren. Lebendig. Teambereitschaft. Ist in der Lage, beständig und produktiv zu arbeiten. Ist meist in hervorragender körperlicher und geistiger Verfassung. Kann leicht zwischen Fakt und Fiktion unterscheiden. Sucht nach verschiede-

nen Standpunkten und einer Veränderung seiner Realität. Kann Veränderungen leichter Verarbeiten. Sagt „Ja" zum Leben. Ist ziemlich „Ich-Orientiert".
Wege nach oben: Miteinbeziehung und Wertschätzung anderer Menschen.

10 Neutralität, Akzeptanz, Entspannung, Interesse, Aufmerksamkeit, Konzentration

Interesse. Aufmerksamkeit. Produktiv. Aktionsfähig. Vielseitig aufgeschlossen. Lernbereit. Spricht auch über andere Realitäten als seine eigene, auch über „höhere" Ideen. Versteht und akzeptiert die Realität anderer. Kann andere Standpunkte einnehmen. Kompetent. Intelligent. Kommuniziert gerne. Kann kreativ denken. Kann bis zu einem gewissen Grad Verantwortung übernehmen und Menschen führen.
Wege nach oben: Kreatives Arbeiten, Meditation. Mehr Freude und Humor entwickeln.

11 Intelligenz, Wissen, Verstand, Klarheit

Dies ist nicht die blinde Wissenschaftsgläubigkeit des Konservativen, sondern die Ebene des Wissenschaftlers, Forschers, Genies. Jemand auf dieser Ebene ist neugierig, möchte Lernen und das, was er gelernt hat, zur Welt beitragen. Er weiß über eine Vielzahl von Themen, Standpunkten und Realitäten Bescheid. Wissen ist auf dieser Ebene der Hauptfokus. Es ist ein großer Sprung gegenüber den Ebenen darunter, kann aber gleichzeitig auch ein Hindernis auf dem Weg zu höheren Ebenen der Spiritualität, Kreativität und Liebe sein. „Spirituelle Menschen", die jedoch diese Ebene des gesunden Menschenverstandes und der Intelligenz überspringen, werden sich schwer tun, in ihren „spirituellen Höhen" zu bleiben. Die gesunde Skepsis, Menschenkenntnis und das vielseitige Interesse der 11er Person bewahren ihn vor der Scharlatanerie, die mit „spirituellen" Themen getrieben wird.
Wege nach oben: Spirituelles Interesse.

12 Enthusiasmus, Begeisterung, Freude

Jemand auf dieser Bewusstseinsebene ist sehr leicht zu begeistern (manchmal mit dem Anschein der „Naivität"), fühlt sich meistens gut, kann leicht Verantwortung übernehmen, Ideen in die Tat umsetzen, und Erfolge zu Stande bringen. Getrieben von seinem Enthusiasmus und seiner positiven Lebenseinstellung, ist der 12er der Prototyp des „Erfolgsmenschen".
Wege nach oben: Umsetzung von Visionen in Realität.

13 Wertschätzung, Dankbarkeit, Vergebung, Harmonie

Diese Ebene beinhaltet Dinge wie Wertschätzung des Lebens und anderer Menschen, authentische Dankbarkeit und das Annehmen von Dingen, so wie sie sind. Menschen auf dieser Stufe kämpfen weniger gegen Dinge an, sondern fließen mit ihnen mit. Sie sind so besser in der Lage, Dinge nach ihren eigenen Vorzügen umzuwandeln. Sie benutzen keine Gewalt, um etwas zu erreichen, sie reduzieren den Widerstand. Entspannung, Schönheit und Harmonie sind Nebeneffekte dieser Ebene.

Wege nach oben: Akzeptanz von Macht und Verantwortungsbewusstsein. Beitrag an die Menschheit leisten.

13.5 Kreativität, Schönheitsliebe, Phantasie, Schöpfung, Imaginationskraft

Dies ist die Energieebene der Künstler, Tänzer, Akrobaten, exzellenter Schauspieler. Es befinden sich hier sehr fähige Menschen, die auch in der Lage sind, Phantasie in Tat und Realität umzusetzen, Ideen aus dem Nichts zu erzeugen, Inspirationen „zu empfangen", brillant zu assoziieren und Neues zu produzieren.

14 Macht, Ursächlichkeit, Initiative, Verantwortungsbewusstsein

Dies ist die Ebene der echten „Realitäts-Erschaffer". „Ich reagiere nicht auf die Welt, die Welt reagiert auf mich". „Ich warte nicht auf die richtigen Umstände, ich erschaffe die richtigen Umstände". Nicht zu verwechseln mit dem „Dominanzgehabe" eines 6ers. Auf dieser Stufe ist der Mensch bereit, Verantwortung zu übernehmen und zu tragen. Da er über sich selbst die Kontrolle hat, ist er in der Lage, auch andere Menschen und Ereignisse zu steuern. Initiative ist stark ausgeprägt. Er beginnt, er schreitet als erster voran. Oft sehr wohlhabend und einflussreich. Während Ebenen unter 9 vorwiegend vergangenheitsorientiert sind, sind die Ebenen bis 14 zukunftsorientiert. Ebenen über 14 sind gegenwartsorientiert. Spiritueller Philosophie zufolge ist die Ebene der Kreativität und der Macht der höchste Zustand des „handelnden Egos".

15 Liebe, Bedingungslose Wertschätzung, Hingabe, Intuition, Höheres Selbst

Allgemein: Dies ist die Ebene echter, bedingungsloser Liebe. Leute unterer Stufen versuchen diese Ebene nachzuahmen, indem sie sich „verlieben". Das „Verliebt-Sein" hält jedoch nur kurzzeitig an, wenn es von äußeren Quellen abhängig gemacht wird. Auf einer authentischen 15er Stufe ist man derart von

Liebe durchdrungen, dass die Gegenwart einer solchen Person tatsächlich heilend auf Andere wirken kann. Etliche Leute, die vorgeben auf dieser Stufe zu sein, können sie nur vorübergehend schauspielern. Du weißt, dass sich jemand auf dieser Stufe befindet, wenn sich dein Seinszustand in seiner/ihrer Gegenwart spontan erhöht. Diese Energieschwingung ist derart hoch, dass hier durchaus Spontanheilungen unterer Ebenen stattfinden können.

16 Freude, Glück, Humor, Glückseligkeit

Die Ebene von Freude, Glückseligkeit, Leichtigkeit, Gelassenheit, Humor. Die Meisten von uns verweilen hier nur vorübergehend. Ab dieser Bewusstseinsstufe würde man wahrscheinlich aufhören, Skalen und Tabellen wie diese voll Ernst zu nehmen. Bis hierhin ist herkömmliches Wissen nützlich. Ab hier scheinen sich ganz langsam Dualitäten aufzulösen.

16.5 Friede, Leichtigkeit, Gelassenheit, innere Stille, Seligkeit

Je höher die Skala steigt, desto weniger gibt es über die Zustände zu sagen. Von diesem Zustand schwärmen viele, aber die wenigsten erfahren ihn über längere Zeit. Innere Ruhe die mehr ist als nur Zufriedenheit. Selige Stille, auch in einer lauten und chaotischen Welt.

17 Reines Sein, Non-Dualität, Illumination, Reine Wahrnehmung, Leichtigkeit des Seins, Transzendenz, Samadhi, Erleuchtung, Satori, Soonyata

„Reines Sein", „Reine Beobachtung" „Reine Wahrnehmung" sind Versuche zu beschreiben, was hier stattfindet. Dualitäten und Definitionen entfallen.

6. Eine Entscheidung intensivieren

Eine andere Art, deine Aufmerksamkeit auf etwas Erwünschtes zu bündeln, ist durch dein Sprechen, durch dein Wort. Viele sagen dazu „Affirmationen aussprechen", aber das, was auf dem Markt dazu erhältlich ist, halte ich aus verschiedenen Gründen für nicht allzu wirksam. Es geht hier eigentlich um das Gewahrsein, dass das, was du tagein tagaus aussprichst, ebenfalls eine Schwingung ist, die du an das Universum abgibst. Dein Denken, Fühlen und Tun, drei Bereiche, die wir nun behandelt haben, sollten einigermaßen mit deinem Sprechen konform gehen. Wenn du die richtigen Dinge fühlst und tust, dabei aber Dinge sagst, die in keinster Weise mit diesen Handlungen übereinstimmen, machst du es dir selbst nur schwer. Kreation von Realität ist eine Mehrwegstraße. Gutes Sprechen fördert das gute Denken, Fühlen und Tun, genauso wie gutes Denken, Fühlen und Tun das gute Sprechen fördert. Deine Aufmerksamkeit sei durch all diese Elemente wie ein Laserstrahl auf das Erwünschte gebündelt. Der Fehler, der bei so genannten „Affirmationen" häufig gemacht wird, ist der, Phrasen zu wiederholen, die weder glaubhaft sind (der Zug, der zu schnell ist), noch überhaupt ausgesprochen werden würden, wenn die betreffende Person wirklich an deren Erfüllung glauben würde, noch solche Phrasen sind, die Hochgefühle erzeugen. Nachfolgend einige Möglichkeiten, es anders zu machen, fortgeschrittenere Variationen zum Thema „Affirmation".

Wäre es nicht schön, wenn ...?

Dies ist die leichteste und authentischste Variante des Affirmierens. Dabei spricht man einige Zeit lang Sätze bzw. Fragen aus, die man jeweils mit „Wäre es nicht schön, wenn ..." beginnt. Diese Methode funktioniert vor allem dann, wenn sich der Übende in einem ganz normalen oder mittelmäßigen Bewusstseinszustand befindet. Hinter der Aussage „Wäre es nicht schön, wenn ..." steckt nämlich keinerlei Erwartungsdruck, keinerlei „das muss passieren", keinerlei Zwang. Es ist eine leichte, spielerische Art die Gefühlsstimmung zu heben und die Phantasie zu erweitern. Bei dieser Methode geht es nicht um Resultate, sondern darum, zu spielen. Doch gerade wegen der Erwartungslosigkeit zieht dieses Spiel oft überraschende Ergebnisse nach sich. Beispiele:

- Wäre es nicht schön, wenn ich heute den größten Auftrag meines Lebens landen würde?

- Wäre es nicht schön, wenn ich heute eine außerordentlich interessante Person kennen lerne?
- Wäre es nicht schön, wenn mein Einkommen sich diese Woche verdoppelt?
- Wäre es nicht schön, wenn ich mich frisch fühlen würde?
- Wäre es nicht schön, wenn der nächste Anruf eine gute Überraschung birgt?
- Wäre es nicht schön, wenn ...?

Ent-scheid-ung

Manche bevorzugen den folgenden Stil. Eine Art eine Realität zu erzeugen handelt davon, eine derartige Entschlossenheit zu demonstrieren, dass die Realität gar nicht anders kann, als sich dem zu beugen. Um diese Herangehensweise in Betracht zu ziehen, braucht es von dir eine Entscheidung. Ent-SCHEID-ung bedeutet, dass sich hier die Wege scheiden, und zwar zugunsten einer Sache und vielleicht zum Nachteil einer anderen. Dann, sobald du dich für eine Realität entschieden hast, intensivierst du diese derart, dass in deinem Geist keinerlei Alternative und keinerlei offene Hintertürchen bestehen. Das Problem, warum sich eine bestimmte Sache nicht einstellen will, ist nämlich häufig lediglich, dass man sich nicht wirklich ganz auf eine Sache einlässt. Um diese Entscheidung zu intensivieren, sprichst du eine Affirmation (eine Aussage, die das beschreibt, was du erleben oder sein möchtest) solange, bis sie manifest ist. Dabei gibt es keine Frage, OB das funktioniert, sondern nur, OB du bereit bist, es auszusprechen, BIS es funktioniert. Das ist die Art von Entschlossenheit, die wir hier demonstrieren. Denn es wird funktionieren, wenn du dranbleibst. Die Absicht, die am häufigsten wiederholt wird, gewinnt. Es kann hier nötig sein, dein Wort mehrere Millionen Male auszusprechen. Doch sofern es dir Resultate garantiert, denke ich nicht, dass du dagegen einen Einwand hast. Was sind schon ein paar Wochen der Affirmation im Vergleich zu einem ganzen Leben im Verzicht? Eine einzige Aussage so häufig auszusprechen, immer wieder, egal in welchen Umständen du dich befindest, demonstriert eine Art unbeugsamen Willen, die garantiert Resultate zeigen wird. Das ist die Basis-Methode, nun zu den Verfeinerungen:

- Formuliere die Aussage am besten in der „Ich-bin"-Form, als Aussage über deine Identität, dein SEIN. Dies ist noch ein Stück wirksamer als „Ich habe". Benutze überhaupt nie „Ich will" oder „ich werde" Aussagen, denn diese implizieren Mangel.

- Nimm nach der Aussage einen tiefen Bauchatemzug. Dies muss nicht jedes Mal stattfinden, aber du solltest wissen, dass die Atmung erwünschte Glaubenssätze in Gefühle übersetzen kann. Und wenn du etwas wirklich fühlst, ist es relativ egal, welche Zweifel oder gedanklichen Einwände auftauchen. Aussprechen – Atemzug, Aussprechen – Atemzug. Das wird deine Resultate beschleunigen.

- Wenn du die Stärke der Affirmation vervierfachen möchtest, dann sprichst du sie nicht nur als „Ich-bin"-Aussage aus, sondern ebenfalls als:

  „Du bist ..." (als würdest du zu dir selbst sprechen)

  „Er ist ..." (als würdest du über dich sprechen)

  „Wir sind ..." (als würdest du über all deine Anteile bzw. Körper-Seele-Geist sprechen)

- Möchtest du der Affirmation noch mehr Stärke verleihen, dann sprichst du eine aus, die du hättest, wenn das Ziel bereits realisiert wäre. Angenommen, du möchtest deine Finanzen aufbessern, und sagst „Ich bin eine wohlhabende Person". Hättest du diese Affirmation, wenn du bereits wohlhabend wärst? Wohl kaum. Zwar funktioniert diese Aussage durchaus, aber noch viel raffinierter wäre: „Ich bin dankbar dafür, eine wohlhabende Person zu sein". Das wäre eine Aussage, die du machen würdest, wenn du das bereits wärst.

Spreche deine Affirmation also als unwiderrufliche Entscheidung aus, als gäbe es für dich keine Alternative. Das ist wahres Vertrauen, die Aufmerksamkeit ist wie ein Laserstrahl fokussiert. Das Amüsante an der ganzen Realitätserschaffungs-Sache ist, dass du ohnehin immer vertraust. Du vertraust einer bestimmten Realität immer zu hundert Prozent. Demnach ist Vertrauen nicht etwas, das du erst lernen musst, dir antrainieren musst. Du bist bereits sehr gut darin. Die Frage ist, auf welche Realität du diesen Laserstrahl des Vertrauens richtest. Ist es etwas, das du möchtest, oder etwas Unerwünschtes? Eine interessante Technik, um herauszufinden, wie gut du bereits in der Erschaffung von Realität bist, ist es, festzustellen, welche Dinge du bereits als 100%ig sicher erachtest. Was „weißt du", was ist absolut gewiss, absolut unverrückbare Realität? Dass die Sonne morgen aufgeht? Wenn du diese Sicherheit, die du bereits ständig projizierst, lediglich auf das Erwünschte umschwenkst, manifestiert sich diese. Bist du bereit, dich der Sache, die du behauptest zu wollen, derart hinzugeben? Wenn nicht, dann deswegen, weil dir klar ist, dass die Entscheidung für EINE Sache die Entscheidung GEGEN eine andere ist. Somit ist Realitätsmanifestation eine Art von Begrenzung, eine Eingrenzung der Wahrnehmung auf das, was du willst. Es ist ein Eintauchen in etwas Neues, wodurch die bequeme bisher gewohnte Welt beginnt zu verschwinden.

Einwände vorwegnehmen

Hier eine weitere Art des Affirmierens, die auf diesem Planeten ebenfalls nicht sehr weit verbreitet ist, jedoch besser funktioniert als die meisten herkömmlichen Methoden.

1. Sprich die erwünschte Realität als Jetzt-Tatsache aus.
2. Erschaffe bewusst die Zweifel und Einwände zu dieser Aussage, und zwar körperlich und verbal.
3. Wechsle zwischen diesen beiden ab, bis du das erwünschte fühlen kannst, vollkommen davon erfüllt bist.

So einfach die Übung aussieht, sie kann für Ungeübte sehr lange dauern und etwas Hartnäckigkeit erfordern. Dieser Zeitaufwand ist für Anfänger meist nur dann erreichbar, wenn die Komponenten Spaß und Resultate enthalten sind. Du kannst selbst dafür sorgen, dass es Spaß macht, indem du Schritt 2, das Verbalisieren von Zweifeln, auf schauspielerische, dramatisierende, leichte und lustige Weise machst. Und für Resultate kannst du sorgen, wenn du es schaffst, dich trotz der Zweifel und Einwände immer wieder erneut auf Schritt 1, deine Absicht, einzulassen. Diese Übung ist eigentlich eine fortgeschrittene Form des „Fokus-Wechsels" und hilft dir, deine Aufmerksamkeit unter Kontrolle zu bekommen. Ich empfehle sie auch häufig als Visualisierungsübung, bei der du:

1. Die erwünschte Realität visualisierst.
2. Die unerwünschte Realität absichtlich visualisierst.
3. Zwischen beiden solange abwechselst, bis es dir leicht fällt, beide gleichermaßen anzuschauen, zu wechseln. Bis es dir leicht fällt, das Negative zu akzeptieren und das Positive anzuvisieren.

Diese Übung allein trainiert etliche Fähigkeiten, die für das Leben hilfreich sind: Die fortlaufende Bereitschaft, den Fokus vom Negativen zurück zum Positiven zu bringen (eine Fähigkeit, die bei vielen eher schwach ausgebildet ist), das Erlauben und Integrieren von Schattenseiten (wodurch du genau diese entkräftest, anstatt sie zu unterdrücken, wodurch sie sich nur aufstauen würden), die Fähigkeit, Spaß mit deinen Zweifeln zu haben (vergiss nicht: Zweifel ist lediglich Glaube an etwas anderes ... und wo zwei Glaubenssätze da sind, zwischen denen die Aufmerksamkeit gespalten ist, da entsteht Zwei-fel). Diese Übung wird solange fortgesetzt, bis Zweifel und Einwände nicht mehr voll-automatisch auftauchen, bis dein Geist stiller und entspannter ist, bis du das Erwünschte fühlst, davon durchdrungen bist. Danach hörst du auf und gibst deiner Affirmation etwa zwei Wochen Zeit, sich zu zeigen, sich zu entwickeln. Sollte nach dieser Zeit noch nichts von der erwünschten Realität zu sehen sein, fährst du erst dann mit der gleichen Affirmation fort.

7. In Synchronie mit der Unendlichkeit

Du bist ein ewiges, unendliches und multidimensionales Wesen. Alles, was du erfahren, wissen, erschaffen möchtest, hast du bereits in dir. Jede Art von Glückseligkeit steht zu deiner Verfügung. Was du „mein Leben" nennst, erschaffst du, um an einem spannenden Spiel Namens „Planet Erde" und „lineare Zeit" teilzunehmen. Dieser Planet ist eine von vielen Spiel-Optionen, die du im Universum hattest. Du hast dich mit diesem Leben so stark identifiziert, dass du scheinbar vergessen hast, dass es ein Spiel ist. Aber ein Spiel würde auch keinen Spaß machen, wenn dir die ganze Zeit bewusst wäre, dass es „nur" ein Spiel ist, genauso wie es wenig unterhaltsam wäre, einen Film anzuschauen und die ganze Zeit dissoziiert zu denken „es ist sowieso nur ein Film, alles nur Illusion". Vielleicht beschwerst du dich über die Umstände, Hürden und Gegenspieler auf dem Spielfeld. Aber würde dir das Spiel ohne diese überhaupt Spaß machen? **Würde es dir Spaß machen, auf dem Spielbrett ohne Hindernisse ins Ziel zu kommen?** Hätte es dir Spaß gemacht, in einem leeren Stadion, ohne Mannschaft und ohne Gegenspieler, ein Tor zu schießen? Wohl kaum. Wenn du dir anschaust, welche Geschichten, Lieder und Filme die Menschheit am meisten faszinieren, wirst du entdecken, was die Seele fasziniert: Drama, Tragödie, Mord, Herzensbruch, Katastrophen durchzumachen, und schließlich ein Happy End. Wenn du also sagst „Ich möchte Erleuchtung" oder „Ich möchte die Lösung für alles" oder „Ich möchte einfach nur im Lotto gewinnen", dann **missverstehst du den Sinn des Spiels** auf diesem Planeten. Deine Seele wollte nicht da sein, wo sie ohnehin schon die ganze Zeit ist, nämlich frei, sondern sich anders erfahren.

Die Konzepte „vorher", „während", „danach" sind typische Merkmale linearer Wirklichkeit, durch die wir uns selbst im Detail erfahren können. Dadurch erzeugen wir den Anschein, als wären wir uns nicht darüber bewusst, dass wir unbegrenzte Wesen sind. Wir erschaffen das physikalische Universum als „Wirklichkeit", indem wir unser Bewusstsein aufgliedern, spalten und schritt- oder stufenweise ausdrücken. „Zuerst tue ich das, dann das, und dann tue ich das, und dann passiert das und das". Auf dieser kausalen Ebene ist die Vergangenheit die Ursache der Gegenwart, und beide sind die Ursache der Zukunft. Aber in ultimativer Wirklichkeit bist du von vornherein ein allwissendes, allsehendes, simultanes, multidimensionales Bewusstsein, das sich gegenwärtig so ausdrückt, als wäre es etwas Geringeres. Dann sammelst und erlangst du Wissen und Erfahrungen und scheinst dann ein wertvolleres Wesen zu werden, als du es ursprünglich warst. Das ist in gewisser Weise eine Komödie, und aus der Unendlichkeitswarte sehr amüsant zu beobachten.

„Gott ist eine Komödie für ein Publikum, das Angst hat zu lachen", sagte Voltaire, und das trifft die Situation des Menschen ziemlich gut. Gott erschuf einen Stein, der zu schwer zu heben ist ... und wird ihn trotzdem heben!

So befindet sich in Wirklichkeit alles, was du erlebst, in deinem Bewusstsein, innerhalb der bereits und schon immer bestehenden Unendlichkeit von Allem-was-ist. Es gibt kein Innen und Außen, das sind lineare Begriffe. Der Körper ist eigentlich innerhalb des Bewusstseins und nicht anders herum. Viele, die von „meiner Seele" sprechen, deuten irgendwie an, dass diese sich innerhalb des Körpers befindet, oder innerhalb des Kopfes, oder denken, dies sei irgendwie auf den Raum in und um den eigenen Körper begrenzt. Aber das liegt nur an der starken Identifikation des Bewusstseins mit diesem Körper. Du bist nicht im Universum enthalten, das Universum ist in dir enthalten. Du bist die Ursache, nicht das Resultat. Du bist der Schöpfer, nicht das Erschaffene. Du hast bereits alles Wissen und alle Gedanken, Zugang zu allen Erfahrungen, weil du das *bist*. „Wachstum und Lernen" sind lustige Illusionen. Um das hier Gesagte aber überhaupt zu verstehen, müsste es schon von vornherein in dir enthalten sein, sonst könntest du es dir nicht vorstellen. Wenn etwas nicht möglich wäre, nicht in deinem Potential läge, könntest du es dir nicht vorstellen. Etwas, das nicht existiert, kannst du dir nicht vorstellen. Diese Option existiert nicht. Je leichter dir übrigens ein Gedanke fällt, desto näher liegt er im Wahrscheinlichkeitsbereich deiner Möglichkeiten. Willst du eine Erweiterung deines Seins erfahren, musst du lediglich mehr von dem zum Ausdruck bringen, was bereits in dir enthalten ist.

Wenn du innerhalb deiner selbsterschaffenen physikalischen Parameter in Betracht zu ziehen beginnst, dass du unbegrenztes Bewusstsein bist, beginnst du mit Quellen, Informationen und Ereignissen in Resonanz zu treten, die dir ermöglichen, mehr und mehr und mehr von dem auszudrücken, wer du wirklich bist. Nicht das zu werden, was du nicht bist, sondern mehr von dem zu zeigen, was du bereits bist. Deine wahren Farben beginnen durchzuschimmern. Du kennst deine wahren Farben, weißt ganz genau, dass all dieses Potential in dir ist. Ich durchschaue dein Versteckspiel. Die Energiefrequenz, die du gegenwärtig ausstrahlst, ist eine sehr dichte, zusammengezogene Schwingung, die es dir ermöglicht 99 % von dem zu vergessen, wer du bist, um so ausgiebiger das 1 % von dem zu erfahren, als was du dich gerade darstellst. Wenn du die Vorannahmen über das, was du bist, erweiterst, erhöht sich deine Schwingungsresonanz. So entsteht der Anschein, dass du deinen Horizont erweiterst, „höher" oder „besser" wirst. Aber das bedeutet nicht, von hier aus *irgendwohin gehen zu müssen*, sondern mehr von dem zu zeigen, was ohnehin schon die ganze Zeit da war. Sowohl das Hier als auch das Dort existieren in dir, da gibt es keine Trennung. Sei also lediglich du selbst. Denn wenn Menschen „Spiritualität" oder „Erleuchtung" definieren, nehmen sie oft an, dass es weg von dieser physikalischen Wirklichkeit geht. So könnte man es zwar sehen, wenn man will. Aber da du dir ausgewählt hast, hier zu sein, um dich auf diese besondere Weise zu erfahren, ist das „weggehen wollen" vielleicht nicht so sinnvoll. Diese Existenz bietet einige einzigartige Vorteile, wo willst du also hin? Der erfahrenere Teil von dir („Höheres Selbst", sofern man eine Trennung definieren will) sieht einen Nutzen in diesem Spiel, will das Spiel erleben. Es möchte „Lernen", „Entdecken" und vor allem Überraschung erfahren – Konzepte, die aus der allwissenden Perspektive wenig Anreiz oder Bedeutung haben. Der große Vorteil dieser Existenz ist also die Freude an der Entdeckung, die Freude, eben nicht zu wissen, was als Nächstes kommt.

Nimm also bereitwillig am Film teil. Je mehr du das Leben so, wie es ist, liebst, desto mehr wirst du „paradoxerweise" „aufsteigen". Wegkommen zu wollen, so wie es die meisten spirituellen Lehren andeuten, führt nur zu noch mehr Bindung an diese Wirklichkeit. Wenn du genau hinsiehst, enthüllt jede „normale" oder „banale" Realität ihre Magie. Indem du dich der Welt bereitwillig hingibst, hast du gleichzeitig mehr Einfluss auf das Spiel. Ein Spiel, an dem du nicht teilnehmen möchtest, darauf hast du keinen Einfluss. Wenn du dir etwas Gutes tun möchtest, dann lebe die Realität, in der du dich gegenwärtig befindest, voll aus, ohne eine Nuance des Widerstands oder „Entkommenwollens" von diesem „schrecklichen Ort". Erschaffer der Realität zu sein impliziert natürlich, dass du das, was du hier erlebst, ebenfalls selbst erschaffen hast, und zwar mit der Absicht, es zu erleben ... und wenn dieses etwas „unangenehm" ist, dann ist das genau der Weg aus dieser Situation heraus: Indem du es bereitwillig zu Ende erlebst. Der Weg „hinaus" ist der Weg „hindurch". Die Erweiterung deiner Schwingung ist ein freudiges Fest, ein Feiern von mehr und mehr von dem, wer du bist. Du musst nichts aufgeben, um mehr von dem zu werden, was du bist. Manche vermuten, dass das neue minus das alte = das echte Du. In Wirklichkeit ist das alte plus das neue = das wirkliche Du. Da alles in dir ist, gibt es kein „außen", kein „extern". Lehnst du etwas ab, was du sowieso schon erlebst, lehnst du dich selbst ab. Du kannst dir nicht selbst entkommen. Das Einzige, was du damit erreichen würdest, ist, dass du sowieso wieder zu dir zurückkommst. Vollkommen in deine Realität einzutauchen, ermöglicht dir zu erfahren, was du bereits erschaffen hast, und das ist der einzige Weg, diese Wirklichkeit umzuwandeln.

Worauf du die Aufmerksamkeit richtest, das beziehst du in dein Schwingungsfeld mit ein. Das, was du versuchst aus deinem Schwingungsfeld zu entfernen, aus deinem Aufmerksamkeitsfeld zu entfernen, beziehst du *ebenfalls* mit ein. Es gibt keinen „Ausschluss" irgendeiner Sache. In dem Moment, wo du sagst „Das schließe ich aus", beziehst du genau diese Sache mit ein. Wähle also sorgfältig, was du alles in deine Erfahrungswelt miteinbeziehen möchtest.

Um eine neue Realität zu erleben, musst du in Schwingungsresonanz damit treten. Ein Fernseher muss das Programm, das er empfangen möchte, nicht erst „erschaffen", sondern lediglich den Sender darauf einstellen. Wenn dir ein Fernsehprogramm missfällt, löst du das nicht, indem du auf den Fernseher einschlägst, sondern lediglich, indem du umschaltest. Jedes Ankämpfen dagegen ist Energieverschwendung. Du musst lediglich deine Schwingungsfrequenz mit dem, was du willst, angleichen, synchronisieren. Du musst zu dem, was du möchtest, gefühlsmäßig werden.

8. Tipps zu den Lebensbereichen

GELD & KARRIERE

Der Weg zum finanziellen Wohlstand ist nicht der Weg von wenig Geld zu mehr Geld, sondern der Weg von einem mittelmäßigen Lebensgefühl zu einem guten Lebensgefühl.

Auf Wohlbefinden zu verzichten, „um Geld zu verdienen", führt nur kurzfristig und manchmal zu einer geringen Erhöhung der Einnahmen. Deinem Herzenswunsch zu folgen, führt zu einer langfristigen Verbesserung dieses Bereiches. Du hast es nicht nötig, dein ganzes Leben lang dem Geld hinterher zu rennen, ein Sklave von Geld zu sein. Wie lange möchtest du dir diese Hetze gefallen lassen? Wenn du deinen Fokus und deine gefühlte Schwingung fühlen kannst, wirst du hier nach und nach keine bösen Überraschungen mehr überleben, denn du hast die kreative Kontrolle über dein Einkommen. Schulden hängen mit Schuldgefühlen & Beschuldigungen zusammen. Vergib dir selbst und anderen. Geldprobleme hängen außerdem mit Undankbarkeit und Nutzungsversäumnissen zusammen.

Das bedeutet, dass du die Ressourcen, Materialien, Objekte, Informationen, die du **bereits** hast, die dir bereits zuteilwurden, nicht nutzt und stattdessen sagst „Ich kann erst mit X beginnen, wenn ich Geld habe". Wenn du rapide dein Einkommen erhöhen möchtest, suche dir eine Aufgabe aus, die dir selbst sehr viel Spaß macht und anderen Menschen einen hohen Wert gibt. Dann stelle fest, welche Ressourcen dir für diese Aufgabe bereits zur Verfügung stehen, welche Kontakte, Informationen, Materialien du bereits hast, zu welchen du bereits Zugriff hast, und nutze diese. Anfänglich kannst du dies noch parallel zu einem alten Job machen, aber verlagere die Aufmerksamkeit nach und nach auf diese erfüllende Aufgabe. Wenn du das nutzt, was du bereits hast, wirst du mit immer weniger Aufwand immer mehr bekommen. Wenn du echtes Interesse an deinen Mitmenschen hast und diesen einen echten Wert vermitteln möchtest, wird dir Geld bald hinterher geworfen werden. Werde außerdem vertraut mit den Dingen, die du mit Geld kaufen möchtest. Baue eine Liebesbeziehung zu Geld auf, eine Freundschaft, und stelle eine Liebesbeziehung zu den materiellen Objekten her, die du mit Geld erwerben möchtest.

LIEBE & PARTNERSCHAFT

Ersetze die Aussage „Ich brauche Person X" mit „Ich liebe Person X". Wenn du dir selbst keine Aufmerksamkeit geben kannst, mit dir selbst und allein nicht glücklich bist, wirst du kein langfristiges Glück mit einem Partner erleben, sondern abhängig von der Aufmerksamkeit des Partners werden. Diese Bedürftigkeit hat wenig mit echter Liebe zu tun und ähnelt einer Drogensucht. Liebe dich selbst, liebe den Anderen. Der Partner ist eine Reflektion von dir. Änderst du dich, „ändert" sich der Partner, manchmal auf wundersame Weise. Es ist nicht deine Aufgabe, deinen Partner zu ändern, sondern so zu lieben wie er/sie ist. Der Versuch, ihn/sie zu ändern oder zu kontrollieren, ist aussichtslos. Meinungsverschiedenheiten sind in spirituell reifen Partnerschaft keine Ursache von ständigem Streit und Vorwürfen, sondern Grund für Wachstum, Humor und Faszination. Möchtest du die Meinung des Partners beeinflussen, dann erkenne dessen Meinung so an, wie sie ist, anstatt dich dagegen zu wehren. Wenn du zu 100 % Verantwortung für dein Erleben übernimmst, und dein Partner/in 100 % Verantwortung für ihr/sein Erleben übernimmt (jeder schaut auf sich selbst und sein Wohlgefühl), dann erst könnt ihr eurem Partner Wertvolles geben. Das, was du von einem Partner erwartest oder forderst: GIB es stattdessen. Diene anderen ohne Nachteil für dich selbst.

SEELENPARTNER

Du hast meiner Meinung nach ein Geburtsrecht auf eine erfüllende, schöne Partnerschaft. Das ist nichts, was du dir „erarbeiten" oder „verdienen" müsstest. Die Personen, die du in dein Leben ziehst, sind die Personen, die in Resonanz zu dem stehen, was du ausgestrahlt hast. Meiner Meinung nach hast du vor deinem Eintritt zur Erde mit einer Reihe von Seelen vereinbart, diese widerzutreffen. Das heißt, du hast mehr als eine/n Seelenpartner/in zur Auswahl. Diese brauchst du nicht zu suchen, sie treten von allein in dein Leben, wenn du ganz du selbst bist.

SEXUALITÄT

Sex ist ein intensiver Austausch von Energie, eine Vermischung von Schwingungen. Gehe achtsam mit diesem Heiligtum um und achte darauf, mit wem du deine Energien austauschen möchtest. Da deine Energiekanäle hier weit offen sind, ist es ratsam, nur mit Partnern Sex zu haben, die sich für dich wirklich „gut anfühlen".

KÖRPER & GESUNDHEIT

Der Körper ist selbstheilend und selbstregulierend und gesundet, wenn du es ihm erlaubst, wenn deine Gedanken es erlauben, wenn du dich entspannst und wenn du dem Körper liebevolle Aufmerksamkeit zukommen lässt. Krankheiten sind Signale des Körpers, die dir zurufen, dass du dich entspannen und regenerieren sollst. Es gibt etliche Arten von Aufmerksamkeit, die man dem

Körper zukommen lassen kann: Berührung, Visualisierung, Ton, Wort, Atmung, Medizin, Ärzte, Massage, Liebkosung, Bewegung, gutes Essen & Trinken, Sonne, frische Luft.

KOMMUNIKATION

Deine Kommunikation wird erleichtert, wenn du gelernt hast, anderen Menschen mehr Aufmerksamkeit, Zuhören, Interesse, Anerkennung und Wertschätzung zu geben. Das sind die Dinge, die deine Mitmenschen in Wirklichkeit wollen. Wenn du andere dazu führen kannst, dass sie ihre Aufmerksamkeit auf das legen, was sie wollen, anstatt auf das, was sie nicht wollen, hast du ihnen bereits einen großen Gefallen getan.

BEWUSST LEBEN & SPIRITUALITÄT

„Bewusst leben" bedeutet, täglich einen Teil der Zeit bewusst und selbstbestimmt zu handeln, zu sprechen, zu denken, zu schreiben oder zu fühlen. Meditation bedeutet, das Innenleben als mindestens genauso wichtig und wertvoll zu erachten wie die „Außenwelt". Es ist auch schon aus wissenschaftlicher Sicht bewiesen, dass der Mensch nicht einmal 1 % von dem wahrnimmt, was es wahrzunehmen gibt. Schon ein Schmetterling nimmt mehr Farben wahr als der Mensch, schon der Hund nimmt mehr Töne wahr als der Mensch. Halte dich daher zurück, wenn du versuchst zu definieren, was „Realität" ist und was nicht. Bewusstseinserweiterung bedeutet, etwas zu fühlen, zu sehen, zu hören oder zu bemerken, dass du bisher nicht gefühlt, gesehen, gehört oder bemerkt hast. Spiritualität bedeutet, dich als Energiewesen zu erfahren, deine Energie und Emotion zu fühlen, zu bewegen, zu verändern.

NACHTTRÄUME

Das Träumen im Schlaf hat meiner Meinung nach mehr Wichtigkeit, als ihm von dieser Gesellschaft zugeteilt wird. Die Welten deiner Träume sind aus meiner Sicht genauso real oder illusionär wie diese Welt, in der wir leben. Auf einer gewöhnlichen Bewusstseinsebene ist der Traum eine Kommunikationsform anderer Aspekte deines Bewusstseins und eine Verarbeitung von Alltagsereignissen. Auf einer anderen Ebene zeigen dir Träume, inwieweit deine Gedanken bereits zur materiellen Realität verdichtet sind. Träumst du von einer deiner Ängste oder einem deiner Wünsche, kannst du davon ausgehen, dass diese bereits zu 50 % „vergrobstofflicht" sind. Im Falle von Ängsten gibt dir dies noch die Gelegenheit, deinen Kurs zu ändern. Im Falle von Wünschen zeigt dir dies, dass du deinen Kurs fortsetzen sollst. Auf einer noch höheren Ebene bieten dir Träume Zugang zu anderen Ebenen der Realität, anderen Dimensionen und vor allem Parallelleben ... Leben, in denen andere Versionen deiner selbst existieren. Diese zu fokussieren erlaubt dir, dich mehr in die Richtung deiner Idealversion zu entwickeln.

LUZIDES TRÄUMEN

Luzides Träumen ist eine fortgeschrittene Version des Träumens, bei der du dir bewusst darüber bist, dass du träumst, und so die Traumszenarien steuern kannst, bewusst Reisen kannst oder die Träume zu deinen Gunsten (auch für den Alltag oder zu Heilungs- und Forschungszwecken) nutzen kannst. Der Weg zum luziden Träumen beginnt damit, dass du dir überhaupt erst mal deiner Träume bewusster wirst, dich an deine Träume erinnerst. Das erreichst du beispielsweise dadurch, dass du morgens nach dem Aufwachen deine Träume noch mal gedanklich abspielst oder sogar aufschreibst. Wirst du dir deiner Träume bewusster und bewusster, ist es nur eine Frage der Zeit, bis du dir innerhalb deiner Träume bewusster wirst. Schließlich kommt der Zeitpunkt, an dem du deinen Traum hinterfragst, während du träumst, und so zu einem Bewusstsein gelangst, dass du gerade träumst.

ASTRALREISEN

Astralreisen bezeichnet die Fähigkeit, aus deinem Körper auszutreten und unabhängig deines Körpers wahrzunehmen und umherzureisen. Diese Fähigkeit geschieht mit der Erweiterung deines Bewusstseins früher oder später ganz natürlich. Wenn du etwas nachhelfen möchtest, kannst du üben, dich komplett und absolut zu entspannen (beispielsweise durch das bewegungslose Liegen und Atmen). Wenn du im Moment kurz vor dem Einschlafen mit der Aufmerksamkeit außerhalb deines Körpers bist, ergibt sich die Wahrscheinlichkeit einer Astralreise.

FERNWAHRNEHMUNG

Auch als „Hellsehen" oder „Hellhören" bekannt. Zu Demonstrationszwecken: Begib dich mit deiner Aufmerksamkeit auf die andere Seite einer Wand, von der du nicht weißt, was dahinter liegt. Verweile dort. Reduziere nun jegliche Erwartung oder Phantasie dessen, was sich dort befindet, und verweile auf „Empfang". Betrachte, welche Eindrücke spontan auftauchen. Dann gehe hinter die Wand, um zu prüfen, inwiefern deine Wahrnehmung mit dem übereinstimmt, was tatsächlich dort ist. Dies ist eine Art, diese dir angeborene Fähigkeit zu üben.

HÖHERES SELBST

Eine persönliche Beziehung zu höheren Bewusstseinsebenen oder höheren Aspekten deiner selbst kannst du aufbauen, indem du authentisch, ehrlich, klar, humorvoll und mit Glauben beginnst, Dialog mit diesen vermuteten „höheren Aspekten" zu führen. Du kannst dich für Unterstützung oder für Signale bedanken. Höheres Selbst kommuniziert manchmal durch Träume oder interessante „Zufälle" im Alltag. Die höheren Aspekte deiner Selbst wissen mehr über dich als alle anderen Quellen der Welt.

PROBLEME UND SCHWIERIGKEITEN

Die Gesellschaft, in der wir leben, hat sich leider angewöhnt, Probleme als „negativ" zu betrachten, zu verleugnen, abzuwehren, anstatt deren Botschaft zu verstehen und zu nutzen. Die Seele, die einen größeren Überblick über die Dimensionen der Existenz hat, sieht durchaus einen Nutzen und sogar einen Spaß darin, Probleme zu überwinden, Drama, etwas Leid, Action zu erleben. Eine spirituell fortgeschrittene Perspektive stellt über Probleme, Begrenzungen, Hürden und Schwierigkeiten die folgenden Fragen:

Inwiefern *dient* mir das? Wie kann ich das nutzen?
Was kann ich daraus lernen?
Wie kann ich die darin enthaltene Energie auf etwas Nützliches lenken?
Wie kann ich das Problem zu meinem Vorteil „missbrauchen"?

Es gibt keine sinn- und zwecklosen Ereignisse in deinem Leben. Wenn dir etwas widerfährt, was du auf den ersten Blick als „negativ" erachten würdest, schau noch einmal genauer hin. Verleugne die Dinge nicht, denn sie sind ein Teil von dir, haben mit dir zu tun. Verleugne dich selbst nicht. Zeige aufrichtiges Interesse am so genannten „Problem", anstatt es von vornherein abzuwehren. Wenn du das Paket, das dir geliefert wird, annimmst, muss der Postbote nicht immer wieder klingen (Das Problem wird nicht wieder so vorkommen!). So wie du Dinge bewertest, so werden sie für dich ausgehen. Wenn du deinen Job verlierst und das als „finanzielle Katastrophe" wertest, dann wird es so für dich ausgehen. Du könntest es jedoch auch so werten: „Endlich freie Zeit, um den für mich richtigen Job zu finden!". Bewertest du auf diese Weise, wird das „Problem" für dich günstig ausgehen. Hier ein extremes Beispiel, um das Prinzip „Nutze das Problem zu deinem Vorteil" in deinem Gedächtnis zu verankern: Nehmen wir an, ein Tsunami oder ein Hurrikan oder sonstige enorme Flutwellen sind im Anmarsch. Gewöhnlicherweise würden wir dies als „negativ" betrachten. Stelle dir aber vor, dass es irgendwo ein Gebiet gibt, das unter einer langen Dürreperiode leidet. Wenn die Energie (die Flutwelle) auf dieses Gebiet umgeleitet werden könnte, würde aus dem „Problem" plötzlich *eine Lösung für etwas anderes* werden. Jedes Problem ist gleichzeitig eine Lösung für etwas. Lerne es, Probleme auf diese interessierte Weise zu betrachten. Das Problem „Krank-Sein" war vielleicht eine Lösung dafür, Aufmerksamkeit zu bekommen. Sobald du erkennst, für was es eine Lösung *war*, wird es beginnen zu heilen. Sobald du erkennst, für was es eine Lösung *sein könnte*, kannst du beginnen, es zu nutzen. Probleme auf diese konstruktive und initiative Weise anzugehen entfernt dich von der Opferrolle und macht dich zu einem Nutzer.

ANGST

Viele streben danach, „ihre Ängste loszuwerden". Ob das so vorteilhaft ist, wage ich zu bezweifeln. Stelle dir vor, die Tankanzeige deines Autos zeigt an, dass der Tank fast leer ist. Besteht die Lösung darin, die Tankanzeige zu entfernen? Wohl kaum. Aber das ist es, was Leute sagen, wenn sie ihre Angst entfernen wollen. Sie wollen ihren Barometer entfernen. Das Gefühl der Angst ist lediglich diese Tankanzeige, dieses Barometer, das anzeigt, dass du entweder **a)** einer Aktivität nachgehst, die nicht das Richtige für dich ist oder **b)** einen Glaubenssatz hast, der nicht der Richtige für dich ist.
Erlaube der Angst, dich auf diese Dinge aufmerksam zu machen, anstatt die Angst loszuhaben, um dann weiterhin der unguten Aktivität nachzugehen oder den unguten Gedanken zu pflegen. „Was müsste ich glauben, um mich so zu fühlen?" „Was tue ich, das mich so fühlen lässt?" sind die einzigen Fragen, die es hier braucht. Sobald du erkennst, was dahinter steckt, ist die Aktivität oder der Glaubenssatz neutralisiert und du kannst etwas anderes denken oder tun, wodurch die Angst verschwindet (bis zur nächsten „Tank-Anzeige").
Erlaube, dass Angst, dieser Diener, dieser Freund ist, der dir genau zeigt, was für dich gut und nicht gut ist. Um das gesamte Buch zusammenzufassen: Wenn sich etwas für dich gut anfühlt, dann IST es gut für dich. Wenn sich etwas für dich schlecht anfühlt, dann IST es schlecht für dich. So einfach ist das. Die zwei einfachsten Wege: Ändere den Glaubenssatz oder ändere die Handlung. Der dritte Weg mit Angst umzugehen, besteht darin, das zu konfrontieren, wovor du Angst hast, dich genau in die Situation hineinzubegeben, um sie „hinter dich" zu bringen. Diese dritte Variante benutze nur, wenn du den Mut dazu hast. Es gibt jedoch noch eine andere Art von „Angst", die keine wirkliche Angst ist. Diese zweite Art von Angst ist eigentlich „Aufregung" oder „Spannung", die jedoch mit einer negativen Bewertung behaftet ist. Diese zu ändern ist sehr leicht: Erkenne, dass du über etwas Neues „gespannt" oder „aufgeregt" bist und bewerte das Gefühl als „positive Aufregung", bewerte die Situation als positiv. Dein Gefühl wird sich unmittelbar ändern.

9. Scaling – Eine Methode für alles

Scaling ist eine der wirkungsvollsten Methoden zur Veränderung der eigenen Schwingungsfrequenz, die ich kenne. Die Methode war bisher den Teilnehmern meiner Reality Creation Kurse vorbehalten, doch hiermit möchte ich sie veröffentlichen. Ich benutzte sie bisher mit Tausenden von Problemen und Gedanken bei mir selbst und anderen. Die Methode funktioniert immer und führt immer zu mehr Klarheit, Wohlbefinden, Aufbesserungen der Gedankenqualität und damit letztlich zu Veränderungen in deiner Realität. Die Übung ist mit jeder beliebigen Sache durchführbar.

SCHRITT 1: Bringe deine Gedanken auf Papier.
Der erste Schritt der Scaling-Methode besteht darin, sämtliche aktiven Gedanken (Gedanken, die du in letzter Zeit hattest oder gegenwärtig aktiviert hast) zu einem Thema (Beispiel: Thema GELD oder Thema BEZIEHUNG oder Thema SPIRITUALITÄT oder sonst etwas) auf Papier zu bringen. Du holst diese Gedanken aus der vagen, halbbewussten Nebelwelt des Verstandes und bringst sie RAUS, schreibst sie auf, siehst sie klar und deutlich vor dir. Schon allein dieser Schritt kann erleichtern.

SCHRITT 2: Wähle den ersten Gedanken der Liste und setze ihn auf einer Skala von 1–10 auf STUFE 4. Angenommen, der Gedanke ist beispielsweise „Ich bin übergewichtig und will abnehmen", dann würde dein Blatt Papier so aussehen:

1. _____

2. _____

3. _____

4. Ich bin übergewichtig und will abnehmen. _____

5. _____

6. _____

7. _____

8. _____

9. _____

10. _____

SCHRITT 3: Führe nun den gleichen Gedanken auf der Skala nach unten. Nimm den gleichen Gedanken, aber drücke ihn qualitativ so aus, dass er „Stufe 3", also negativer ist. Dann führe den Gedanken auf Stufe 2. Dann auf Stufe 1. Denke kurz so oder sprich den Gedanken kurz aus oder FÜHLE, wie sich der Gedanke auf diesen Stufen anfühlt. Habe Spaß daran, ihn absichtlich und bewusst negativer zu machen. Beispiel:

1. Ich bin ein fettes Monstrum, die Ausgeburt der Hölle, und werde es nie schaffen, da rauszukommen. Ich werde immer fetter. _____

2. Ich bin ein fettes, schwabbeliges Schwein und hasse mich selbst dafür.___

3. Ich bin dick und fühle mich dabei schlecht._____

4. Ich bin übergewichtig und will abnehmen._____

5. _____

6. _____

7. _____

8. _____

9. _____

10. _____

SCHRITT 4: Nun führe den Gedanken der Stufe 4 auf der Skala nach oben. Auf Stufe 5 setzt du denselben Gedanken, nur neutraler, objektiver, sanfter formuliert. Stufe 5 muss ein Gedanke sein, der dir „leicht von der Hand geht", den du „ohnehin schon glaubst", der ganz mühelos und realistisch annehmbar ist. Stufe 6 macht den Gedanken ein winziges Stück positiver, aber er muss ebenfalls noch VOLLKOMMEN AUTHENTISCH sein, d. h. zwar POSITIV, aber trotzdem vollkommen wahrhaftig und LEICHT ZU GLAUBEN. Wenn du ihn denkst, spürst du ERLEICHTERUNG. Stufe 7 entspricht in etwa dem, was du gerne glauben würdest, aber vielleicht noch nicht ganz glauben kannst. Ab Stufe 8 beginnt es für dich langsam unrealistisch zu werden, während Stufe 9 eindeutig zu hoch für deine momentane Schwingung ist, zu weit entfernt von deinem authentischen Sein. Stufe 10 sollte geradezu größenwahnsinnig klingen. Beispiel:

1.	Ich bin ein fettes Monstrum, die Ausgeburt der Hölle, und werde es nie schaffen, da rauszukommen. Ich werde immer fetter.
2.	Ich bin ein fettes, schwabbeliges Schwein und hasse mich selbst dafür.
3.	Ich bin dick und fühle mich dabei schlecht.
4.	Ich bin übergewichtig und will abnehmen.
5.	Ich bin übergewichtig und finde das nicht so toll, möchte aber wirklich abnehmen, weil ich mich dann einfach besser fühle, besser aussehe, und weiß, dass ich so etwas erreichen kann.
6.	Ich kann abnehmen, wenn ich mich mehr bewege, bewusster esse, mich selbst mehr akzeptiere und allgemein wohler fühle. Ich muss dem Thema einfach etwas Aufmerksamkeit geben, mich dem etwas widmen.
7.	Ich werde abnehmen, mich selbst lieben wie ich bin, mich gut bewegen, bewusster essen. Ich gebe mir dafür ein paar Monate Zeit, aber ich werde es definitiv schaffen.
8.	Ich nehme in den nächsten 4 Wochen 5 Kilo ab, und zwar mühelos und mit Spaß. Ich liebe es, mich zu bewegen und gut zu essen.
9.	Ich habe einen schönen, athletischen und gesunden Körper.
10.	Ich bin ein(e) sportliche(r) und athletische(r) Gott/Göttin.

SCHRITT 5: Erkenne, dass die Mischung aus EHRLICHKEIT und POSITIVER ABSICHT zu ERLEICHTERUNG führt, und dass ERLEICHTERUNG und EHRLICHKEIT deine Schwingung erhöhen, während ZU positive Dinge dich unter DRUCK setzen können und zu KEINER Erleichterung führen (sondern zu Selbstbetrug). Selbstbetrug wird deine Schwingung nicht erhöhen. Vergleiche das mit einem Zug, auf den du aufspringen willst: Fährt der Zug ZU SCHNELL, wirst du es nicht nur nicht

schaffen aufzuspringen, sondern dich dabei wahrscheinlich auch noch ERSCHÖPFEN und VERLETZEN. Zu hohe Affirmationsstufen können dich ERSCHÖPFEN. Wenn dein authentischer, ehrlicher Gedanke bei Stufe 4 liegt dann visiere zunächst Stufen 5 und 6 an. Diese werden dich ERLEICHTERN. Lerne zuerst mit diesen Energiestufen VERTRAUT zu werden, bevor du weitersteigen willst. Wähle 5 oder 6 aus und sprich diese einige Male aus. Denke sie einige Male. Erinnere dich einige Male an sie. Dann, wenn sie zur Norm geworden sind, kannst du das Scaling noch einmal durchführen und von dieser Plattform Stufe 7 anvisieren. Doch zunächst wirst du es als absolut transformierendes Erlebnis erleben, mit SÄMTLICHEN deiner Gedanken SCALING zu praktizieren. So gewinnt dein Verstand eine größere Dynamik und Bandbreite. Die fixierte Aufmerksamkeit, immer auf bestimmte Arten zu denken, wird gelöst und **du wirst dir einen Gefallen getan haben, der sich auf die nächsten Jahrzehnte deines Lebens auswirkt.**

Ein weiteres Beispiel der Scaling-Methode:

Problem: Mein Freund ist fremdgegangen und ich fühle mich sehr verletzt.

1. _____

2. _____

3. _____

4. Mein Freund ist fremdgegangen und ich fühle mich sehr verletzt._____

5. _____

6. _____

7. _____

8. _____

9. _____

11. _____

12. Mein Leben, wie ich es kenne, ist zerstört. Ich möchte sterben. Das Einzige, was mir wichtig war, habe ich für immer verloren. Es wird nie einen anderen wie ihn geben, aber er verabscheut mich.

Ich war so dumm. Ich bin wertlos und unfähig. Ich breche zusammen. Ich komme hier nicht mehr raus. Alles ist sinnlos. Wie kann man mir nur so etwas antun? Ich werde nie wieder auf die Beine kommen. Der Schmerz, den ich fühle, er ist tiefer, als man sich vorstellen kann. Mir zerreißt es die Seele. Ich weiß nicht mehr, was ich will, wer ich bin, wer er ist.

13. Ich bin noch nie so gedemütigt worden. Mein Freund liebt mich nicht mehr, ich bin einsam und allein. Er hat mit der dümmsten Schlampe, die man sich vorstellen kann, geschlafen. Ich werde keinen mehr wie ihn finden. Ich bin am Boden zerstört.

14. Mein Freund liebt mich nicht mehr. Er ist fremdgegangen, hat in mir eine tiefe Wunde hinterlassen. Ich fühle mich einsam und verloren. Er will nichts mehr von mir. Ich fühle mich energielos und habe Angst. Ich bin unglaublich wütend auf die Frau. Was ist mit mir? Bin ich zu dick? Zu langweilig?

15. Mein Freund ist fremdgegangen und ich fühle mich sehr verletzt.

16. Mein Freund ist fremdgegangen, obwohl wir die Einwilligung hatten, eine treue und ehrliche Partnerschaft zu führen. Ich fühle mich verletzt und einsam. Was er getan hat, war unrecht, und ich lasse mir diesen Mist nicht gefallen. Ich werde mich an ihm rächen, indem ich Schluss mache, ihn vollkommen ignoriere. Ich will nichts mehr mit ihm zu tun haben. Ich möchte mir beweisen, dass ich einen klaren Kopf behalten kann, alleine klarkomme. Ich werde hin und wieder weinen, mich einsam fühlen, aber ich komme hier durch. Und das Schwein hört nix mehr von mir, ist hier nicht mehr willkommen.

17. Mein Freund ist fremdgegangen. Ich fühle mich verletzt, weil er unehrlich zu mir war. Aber ich erkenne, dass die Partnerschaft ohnehin auf dem absteigenden Ast war, dass ich es in letzter Zeit versäumt habe, Interesse an ihm zu zeigen. Das tut mir sehr leid.

Trotzdem ist es nicht Ok, und ich werde wahrscheinlich Schluss machen, oder zumindest Zeit für mich alleine nehmen. Ich möchte ihn momentan nicht sehen. Um nicht der Einsamkeit zu verfallen, treffe ich mich am besten mit Freundinnen, Kollegen oder ganz neuen Leuten, tausche mich mit diesen aus. Ich werde nicht zulassen, dass ich wegen ihm alles stehen und liegen lasse und mich wochenlang verletzt fühle. Ich vergebe mir selbst dafür, es nicht rechtzeitig erkannt zu haben. Vielleicht kann ich ihm eines Tages vergeben.

18. Mein Freund hat heimlich mit einer anderen Frau geschlafen. Die Konsequenzen, die ich ziehe, sind, mich verstärkt um mich selbst zu kümmern, denn ich bemerke, wie ich von ihm so abhängig geworden bin, dass er meine ganze Aufmerksamkeit bestimmt, dass ich eine Wunde fühle, wenn er nicht da ist, wenn er eine andere liebt. Ich werde ihm höflich sagen, dass ich nicht mehr mit ihm zusammen sein möchte. Dann werde ich den Tag genießen, Freunde treffen, Einkaufen gehen, Spaß haben.

19. Mein Freund ist fremdgegangen. Dies ist eine prima Gelegenheit, Neues zu entdecken, aus meinem engen Fokus herauszukommen und wieder den Rest der Welt zu bemerken, nachdem ich jahrelang nur ihn bemerkt habe. Ich heiße die Veränderung und meine neue Freiheit willkommen. Ich werde gleich diese Woche beginnen, neue Männer kennen zu lernen. Ihn verabschiede ich in Respekt und Wertschätzung.

20. Ich bin frei und fühle mich erleichtert. Ich verstehe, dass er eine Abwechslung in seiner Sexualität wollte, und diese nehme ich mir vielleicht nun auch. Oder ich liebe ihn, so wie er ist, und bleibe mit ihm zusammen. Mal sehen. Auf jeden Fall müssen wir, nachdem er die Vereinbarung gebrochen hat, eine neue treffen. Vielleicht führen wir eine freie Beziehung. Oder gar keine mehr. Wichtig ist auf jeden Fall, dass ich in einer positiven Schwingung bleibe. Dieses Ereignis ist die perfekte Gelegenheit zu beweisen, dass mein Schwingungszustand unabhängig von äußeren Faktoren ist.

21. Ich fühle mich frei und leicht. Ich erlebe große Freude, am Leben zu sein.

Sobald du dein Scaling zu einem Gedanken durchhast, kannst du einen anderen Gedanken zum selben Thema wählen. Die Sitzung setzt du solange fort, bis du Erleichterung oder Freude spürst. Manchmal kann es von Vorteil sein, eine Stufe, die sich für dich realistisch aber auch positiv anfühlt (5 oder 6), längere Zeit anzuvisieren (zu denken, zu schreiben, zu visualisieren, zu erinnern), um auf diese Stufe zu steigen. Der Kern jeder Realität ist der Gedanke. Am Anfang war immer der Gedanke. Mit dieser Methode packst du Realität an der Wurzel anstatt zu versuchen die Umstände zu verändern. Ich wünsche dir, dass du diese Methode häufig anwendest und damit alle Aspekte deiner Existenz zum Positiven veränderst.

Formblatt zum Kopieren für eigene Scalings

Meine Gedanken:

_____

_____

_____

_____

_____

_____

_____

_____

_____

_____

_____

_____

_____

_____

_____

_____

_____

_____

_____

_____

_____

_____

_____

_____

Meine Skalen-Bewertung für Gedanke Nr. _____

1. _____

_____

_____

_____

_____

2. _____

_____

_____

_____

_____

3. _____

_____

_____

_____

_____

4. _____

_____

_____

_____

_____

5. _____

_____

_____

_____

_____

6.

7.

8.

9.

10.

Weiterführende Literatur

Nachfolgend einige Buchempfehlungen.
Diese sind alle u. a. durch www.amazon.de erhältlich.

1. Jerry & Esther Hicks / Ask and it is given (Buchempfehlung!)
2. Darryl Anka / Blueprint for a Change
3. Harry Palmer / Resurfacing
4. Frederick Dodson / Reality Creation
5. Frederick Dodson / Illumination des Träumens
6. Frederick Dodson / Money Magick
7. David Hawkins / Ebenen des Bewusstseins
8. Serge King / Instant Healing
9. Frederick E. Dodson / Scaling (www.active-books.de)

Die Websites des Autors:

www.oceanofsilence.com
www.oceanofsilence.info
www.quicklearning.de

Die Email Adresse des Autors: PlanetEye5@aol.com

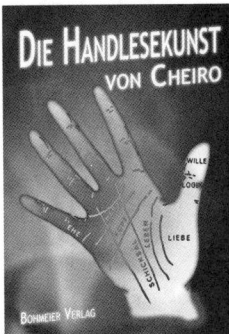